Die weiße Venus · Madame Sabatier

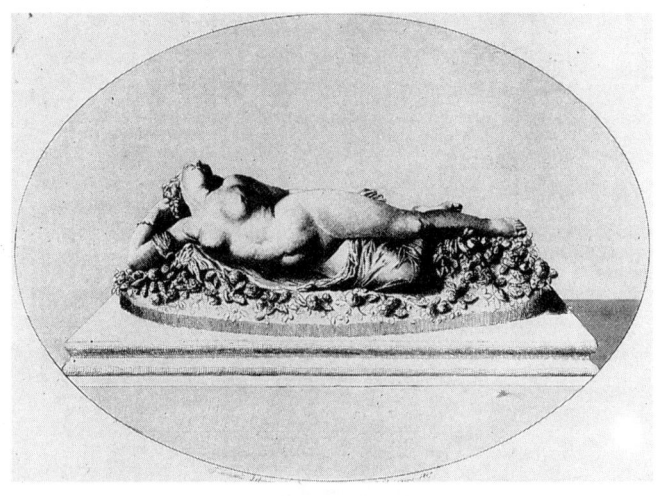

Ferdinand Lefman
Rêve d'Amour (1847)
Gravüre nach der Skulptur
Femme piquée par un serpent von Clésinger

Charles Baudelaire, Gustave Flaubert
Théophile Gautier

Die weiße Venus

Madame Sabatier
Huldigungen an eine Kurtisane

Mit 37 Abbildungen

Herausgegeben von
Susanne und Michael Farin

P. Kirchheim

Herausgeber und Verlag danken Gérard Rog, Hans-Ulrich Seifert und
Georges Sturm für ihre vielfältige Hilfe
sowie
dem Carl Hanser Verlag, München,
für die Abdruckerlaubnis von Friedhelm Kemps Prosaübertragungen
der Baudelaire-Gedichte und eines Teils seiner Briefe (S. 141, 149, 155,
159, 164 f., 176–184, 189 f.). Alle weiteren Briefe Baudelaires wie auch
die Briefe Flauberts und Gautiers wurden, wenn nicht anders
angegeben, von Susanne und Michael Farin ins Deutsche übertragen.

ISBN 3-87410-067-7

Inhalt

Auguste Clésinger
Buste de Madame Sabatier
(Terrakotta, 1846)

Susanne Farin / Michael Farin

Eine Frau aus Fleisch und Marmor

Leben und Lieben der Aglaé-Apollonie Sabatier

Heroinen, Heldinnen unheiliger Legenden, nennt man sie, die Kurtisanen des 19. Jahrhunderts. Ihnen lagen, wie Lola Montez, Könige zu Füßen, aber auch Bankiers, Schmarotzer, Neureiche und Künstler. Sie schrieben Kunst- und Literaturgeschichte, sei es, wie Marie Duplessis, als Vorbild für Dumas' *Kameliendame* und Verdis *La Traviata,* sei es als Modell für zahllose Gemälde und Statuen. Man widmete ihnen Gedichte, man nutzte sie aus, man liebte sie unsterblich.

Außerdem zahlte man sie fürstlich, richtete ihnen elegante Wohnungen ein, kaufte ihnen Pferde und Kutschen, beglich die Rechnungen der Hutmacher, der Schneider, der Kosmetikhersteller. Im doppelten Wortsinn, die Kurtisanen machten Mode.[1] Sie wurden zu Statussymbolen, auf den Rennplätzen, im Theater und der Oper waren sie die eigentliche Sensation, in der Tagespresse und den zahllosen neu gegründeten Zeitschriften unterhielt man die Öffentlichkeit über ihre Affären. Ihre Liebschaften waren Tagesgespräch.

»Sache der Brillanten«, sagte Cora Pearl, die wie kaum eine andere Kurtisane der damaligen Zeit alle Höhen und Tiefen durchlebt hat, »Sache der Brillanten ist es zu blitzen, und Sache der Goldstücke, von einer Hand in die andere zu

---

[1] Nachzulesen bei Joanna Richardson: *Die Kurtisanen* – Die französische Demimonde im 19. Jahrhundert. Frankfurt 1968.

wandern«. Das Zeitalter der Glücksritter war dieser Philosophie günstig. Denn längst galt es nicht mehr nur als Privileg des Adels, raffinierte Liebeskünste zu genießen. Das aufstrebende Bürgertum, die Bourgeoisie, Spekulanten und korrupte Beamte forderten ebenfalls ihr Recht. Das Geld dazu hatten sie. In der Mitte des letzten Jahrhunderts gab es in Frankreich viele »flüchtige« Millionen. Die gewaltigen sozialen Umwälzungen und die stete politische Unsicherheit erzeugten zudem eine moralische Umbruchstimmung. So schien es nicht mehr verwerflich, in Gegenwart einer Kurtisane gesehen zu werden. Ganz im Gegenteil, es bewies Lebensart. Selbst eine Heirat war nicht ausgeschlossen.

Daß auch die Kurtisanen Dirnen waren, Verkäuferin und Ware in einem, wurde angesichts ihrer Prachtentfaltung und ihrer kaufmännischen Klugheit gern übersehen. Denn während jene sich im Bordell, in Absteigen, auf der Straße an viele verdingen mußten, wählten sich diese einige wenige Freier aus, erzielten mit weniger Aufwand mehr Gewinn. Sicher, nicht alle schafften die steile Karriere vom Modell, von der Tänzerin, der Schauspielerin zur Gespielin der Mächtigen. In die Armut gedrückt, zur täglichen Prostitution gezwungen, verbrauchten sie ihr Kapital, ihren Körper, allzu rasch und wurden ebenso schnell vergessen.

Aglaé-Apollonie Sabatier jedoch teilte dieses traurige Schicksal nicht. Die nach ihrem Körper modellierte Statue ist noch heute im Louvre zu besichtigen, Gemälde, Briefe, Bücher und einige der schönsten Gedichte in Baudelaires *Blumen des Bösen* erinnern an diese bemerkenswerte Frau, deren Leben Schlaglichter auf das Paris des 19. Jahrhunderts wirft, deren erotische Ausstrahlung, deren Schönheit, deren Güte, wie Zeitgenossen meinten, und deren gesellschaftliches Geschick so bedeutende Männer wie Baudelaire, Flaubert und Gautier in ihren Bann schlug.

Beglaubigte Unwahrheit

Aglaé-Joséphine Savatier [sic] wird am 7. April 1822 in Mézières geboren. Sie hat, ihrer Geburtsurkunde[1] darf man nicht glauben, zwei Väter, einen natürlichen und einen vermeintlichen. Ihr natürlicher, Louis Harmand d'Abancourt, Präfekt der Ardennen, wird sich dem vermeintlichen Vater, André Savatier, gegenüber erkenntlich gezeigt haben. Denn dieser übernahm immerhin an seiner Statt die Rechte und Pflichten der Vaterschaft und ermöglichte ihm zudem, das Verhältnis mit Aglaés Mutter für geraume Zeit weiterzuführen.

André Savatier heiratet Léa-Marguèrite Martin – mehr als drei Jahre später und zwei Jahre nach der Geburt des Sohnes André-Alexandre (3. Juli 1823 – 26. Juni 1854) – am 27. Okto-

---

[1] »Aglaé-Joséphine Savatier [sic]. Am achten April achtzehnhundertzweiundzwanzig um neun Uhr morgens wurde bei uns, Graf Adolphe de Jaubert, Bürgermeister von Mézières, Chevalier des kaiserlichen Ordens der Ehrenlegion, die Funktionen eines Staatsbeamten Ausübender, Marie-Jeanne Loitange, verheiratete Raulin, Hebamme und in genanntem Mézières ansässig, vorstellig und gab zu Protokoll, daß Marguèrite Martin, vierundzwanzig Jahre alt, geboren in genanntem Mézières, dort wohnhaft im Faubourg du Pont de Pierre, unverheiratete Tochter der verstorbenen Charles-Théodore Martin und Marie-Jeanne Plumet, in ihrer Wohnung in genanntem Mézières gestern am siebten April um ein Uhr morgens ein Kind weiblichen Geschlechts zur Welt gebracht hat, welches sie uns zeigte und welchem die Vornamen Aglaé-Joséphine gegeben werden. Die Erschienene hat uns unverzüglich die beglaubigte Abschrift eines Dokuments vorgelegt, das Maître Forest, Notar in Charlesville, am 27. Januar ausgefertigt hat und in dem Sir André Savatier [sic], Chevalier des kaiserlichen Ordens der Ehrenlegion, Sergeant im siebenundvierzigsten Infanterieregiment in Garnison in Mézières, gebürtig aus Beaumont-Pied-de Boeuf (Département de la Sarthe), unverheirateter Sohn des verstorbenen Claude Savatier und Marguèrite Frain, seiner Ehefrau, anerkannt hat, daß das Kind, mit welchem genannte Marguèrite Martin schwanger war, aus seinen Werken stamme, und zudem erklärt, damit einverstanden zu sein, daß das Kind seinen Namen trage ...«

ber 1825, und zieht mit seiner Familie nach Paris, ins Quartier de la Monnaie.

Das Leben dort ist teuer, so suchen sie sich etwas außerhalb, in Les Batignolles, eine neue Wohnung. Zu allem Unglück aber muß ihre Mutter schon bald die mittlerweile vier Kinder (Louis-Joseph (26. Mai 1828 – 3. Juni 1888) und Adélina-Irma, später bekannt als Bébé (6. September 1832 – 8. August 1902)) als Wäscherin allein durchbringen, André Savatier stirbt am 27. September 1832.

Über Aglaés Kindheit ist darüberhinaus nur wenig bekannt. Sie soll ein Mädchenpensionat besucht haben, wohl mit finanzieller Unterstützung ihres Vaters. Außerdem habe sie Gesangs- und Klavierunterricht (bei der damals berühmten Madame Damoureau-Cinti) erhalten. Genaues aber weiß man nicht.

Mit 16 Jahren jedenfalls steht sie bereits Modell. Auguste Blanchard und Charles Jalabert malen sie in schwarzem Samtmieder und rotem Rock mit taubengrauer Schürze, auf dem Kopf ein breitkrempiger Hut mit schwarzer Spitze. Sie nennt sich jetzt Apollonie (da dieser Name nicht im Heiligenkalender zu finden war, soll sich der Standesbeamte geweigert haben, diesen ihr eigentlich zugedachten Namen ins Register einzutragen) und auch den Nachnamen ändert sie ab, in das vornehmere Sabatier. Das Leben der Bohème kann beginnen.

Das Hôtel Pimodan

Ob als Modell, Muse oder Mätresse, Apollonie ist begehrt in den Künstlerkreisen, und einer ihrer Treffpunkte zu jener Zeit ist das Hôtel Pimodan, das ehemalige Hôtel Lauzun, 17, Quai d'Anjou, auf der Île Saint-Louis.

Der Salon von Fernand Boissard, in dem die Zusammenkünfte stattfanden, war »ganz im Stil Ludwig XIV. gehalten und mit einer in einem wunderbaren dunklen Goldton

Charles Jalabert
Madame Sabatier
(Bleistiftskizze, 1849)

Vincent Vidal
Aglaé-Apollonie Sabatier
(um 1843)

lackierten Holztäfelung ausgekleidet, die nach dem mythologisch ausgerichteten Geschmack der Epoche mit Nymphen bemalt war, die im Schilf von Satyren verfolgt wurden. Über dem großen Kamin aus rot-weiß gesprenkeltem Marmor prangte ein vergoldeter Elefant, der wie der Elefant von Porus in der Schlacht von Lebrun herausgeputzt war und auf seinem Rücken einen Kriegsturm trug, in dem ein Ziffernblatt aus Email mit blauen Ziffern eingelegt war. Die Sessel und Sofas waren alt und mit bereits verblichenen Tapisserien überzogen, auf denen Jagdszenen dargestellt waren.« (Gautier, *Souvenirs romantiques*)

»Was macht man im Hôtel Pimodan?« fragen die Gebrüder Goncourt in dem Roman *Manette Salomon* (1867): »Ach, das ist sehr amüsant ... Zunächst ist der Gastgeber, Fernand Boissard[1], ein wirklich netter Typ ... und außerdem, die vielen bekannten und sehr amüsanten Leute ... Théophile Gautier ... die Clique von Meissonier ... In dem einen Salon macht man Musik ... im anderen plaudert man über Malerei, über Literatur ... über alles ... Eine wirklich liebenswerte Gesellschaft und nicht allzu verdorben ... Man unterhält sich, man lacht, man neckt sich ... jeder erzählt lustige Geschichten ...«

Nicht zu vergessen, im Hôtel Pimodan fanden die legendären › romantischen Abende ‹ des Clubs der Haschischesser

---

[1] Fernand Boissard (1813–1866), »dessen kurzes, blondgelocktes Haar, dessen rosige Gesichtsfarbe, roter Mund und perlweiße Zähne von einer Rubens'schen Gesundheit und Vitalität zu zeugen schienen«, war Künstler und Bohemien. Wenn man Théophile Gautier (*Souvenirs romantiques*) glauben darf, sogar »einer der Talentiertesten, er besaß eine starke Intelligenz, hatte für die Malerei, die Dichtkunst und die Musik ein gleichermaßen tiefes Verständnis; doch der Kunstliebhaber in ihm schadete dem Künstler; die Bewunderung kostete ihn zuviel Zeit, er verzehrte sich in Schwärmerei.« Mit Bébé, der jüngeren Schwester Apollonies, hat Boissard ein Kind: Fernande-Ernesta-Jeanne Sabatier (geb. 1849, gest. 1859). Zwar erkennt er es nicht als das seine an, erklärt sich aber bereit, eine jährliche Rente von 6 000 Francs zu zahlen.

Ernest Meissonier (1815–1891)
Photographie von Nadar

statt. Dawamesk hieß das Zaubermittel, eine grüne Konfitüre aus Haschisch, Zucker, Vanille, Zimt, Pistazien, Mandeln und Muskat. Sie wurde in einem Kristallbehälter aufbewahrt, und jeder der an der Séance Teilnehmenden erhielt ein nußgroßes Stück auf einem kleinen Teller aus japanischem Porzellan. Danach gab es Kaffee, auf arabische Art zubereitet.

»Wir nahmen es auf nüchternen Magen«, bekennt Ernest Meissonier (1815-1891), Maler und ebenfalls Anbeter von Apollonie, »denn wir hatten bemerkt, daß es nicht guttat, vorher zu essen. Ich erinnere mich noch genau daran, was für eine ungeheure Wirkung Musik in diesem Zustand auf mich ausübte. Die Töne erschienen mir wie glühende Funken, die zusammen wundervolle Bilder aus Licht formten. Man fühlte sich in himmlische Gefilde versetzt, trotzdem sagte ich mir verzweifelt, daß diese Trunkenheit mich meiner Schaffenskraft beraubte. Ich schloß die Fenster, um mich nicht hinauszustürzen, denn oft überkam mich dann ein faszinierendes Gefühl der Körperlosigkeit. Und die Lichterklänge tanzten unaufhörlich auf und nieder, bis sie endlich in einem Funkenreigen verglimmten.«

Im November 1845 wurde die erste *Fantasia* veranstaltet, und es folgten noch mindestens zehn weitere, bis man laut Théophile Gautier »für immer auf diese berauschende Droge verzichtete«.

Künstler aller Sparten hatten sich dazu eingefunden: Eugène Delacroix, Honoré de Balzac, Gérard de Nerval, Ernest Meissonier, Henri Monnier, Daumier, der Bildhauer Steinheil, Chenavard, um nur einige zu nennen und natürlich Théophile Gautier, eine der zentralen Figuren des damaligen kulturellen Lebens.

Charles Baudelaire dagegen war zu dieser Zeit, wie sich Théophile Gautier erinnert, »noch ein unbekanntes Talent das sich im Schatten mit jenem zähen Willen auf das Licht vorbereitete, der seine Schaffenskraft verdoppelte. [...] Sein Aussehen frappierte uns: Sein nachtschwarzes Haar war

Gustave Courbet
L'atelier du peintre
(Öl, 1855)
(Charles Baudelaire ganz rechts,
Madame Sabatier links neben ihm)

kurz geschnitten und ragte in seine kalkweiße Stirn wie ein Sarazenenhelm; seine Augen, von der Farbe spanischen Tabaks, hatten einen tiefen, geistigen Ausdruck, sein forschender Blick war vielleicht etwas zu durchdringend; in seinem Mund blinkten strahlend weiße Zähne; ein schmaler, seidiger Schnurrbart ließ den beweglichen, wollüstigen und ironischen Schwung seiner Lippen nur ahnen, die an die Bildnisse von Leonardo da Vinci erinnerten; seine feine, edle, leicht gebogene Nase mit den geblähten Nüstern schien unbestimmte, ferne Düfte zu wittern; ein tiefes Grübchen gab seinem Kinn ein energisches Aussehen; seine sorgfältig rasierten, bläulich schimmernden Wangen standen im Kontrast zu dem rötlichen Ton seiner Backenknochen; sein Hals, so zart und weiß wie der einer Frau, ragte aus einem hochgeschlagenen Hemdkragen und einer schmalen, karierten Krawatte.

Er trug einen Schoßrock aus glänzendem, schwarzem Stoff, dazu braune Beinkleider, weiße Strümpfe und lacklederne Stiefel, alles überaus gepflegt und korrekt. [...] Man hätte ihn für einen, in die Bohème verirrten Dandy halten können, der selbst dort die Haltung, die Manieren und den Ichkult beibehielt, dem jene, die nach den Prinzipien Brummels lebten, huldigten.«

Frauen gab es im Kreise des Hôtel Pimodan nur wenige, die Sängerin Ernesta Grisi etwa, Théophile Gautiers Lebensgefährtin, dann Emma Meissonier, die Frau des Malers, die Schauspielerin Alice Ozy (Julie-Justine Pilloy; 1820-1893) und Bébé, Apollonies Schwester. »Auf einem Kanapee lag, halb ausgestreckt und den Ellbogen auf ein Kissen gestützt, Marix (Joséphine Bloch; 1825-1891) völlig unbeweglich, wie sie es wohl vom Modellsitzen gewohnt war. Sie trug ein weißes Kleid, eigenartig mit roten Tupfen übersät, die wie Blutspritzer wirkten, hörte gelangweilt den Paradoxen Baudelaires zu, ohne daß sich auch nur die geringste Überraschung auf ihrem maskenhaften Gesicht vom reinsten orientalischen Typus abzeichnete, und steckte ihre Ringe von der linken auf die Finger der rechten Hand. Ihre Hände waren von gleicher Perfektion wie ihr Körper, dessen Schönheit in Gips verewigt wurde.

Nahe beim Fenster saß die Frau mit der Schlange (es ist hier nicht notwendig, ihren richtigen Namen zu nennen), sie hatte ihren schwarzen Spitzenumhang und das entzückendste Hütchen, das Lucie Hocquet oder Madame Baudrand je geputzt haben, auf einen Sessel geworfen, und schüttelte ihr leuchtend braunes Haar, das noch ganz naß war, denn sie war soeben aus der Schwimmschule gekommen. Von dieser in Musselin gehüllten Person ging die Frische einer Quellnymphe aus, der wunderbare Duft des Bades. Mit ihren Blicken und ihrem Lächeln feuerte sie die Wortgefechte an, warf ab und zu eine bald spöttische, bald zustimmende Bemerkung ein, und der Kampf entbrannte wieder von neuem.« (Gautier, *Souvenirs romantiques*)

»Die Frau mit der Schlange« – das ist Apollonie. Die im Hôtel Pimodan verbrachten Stunden sind für sie im Rückblick »die fruchtbarsten und zugleich fröhlichsten und unbeschwertesten ihres Lebens«. Ihr geht es in dieser Zeit wirklich ausgezeichnet. Ihre Lebensumstände entsprechen ihren Wünschen, und seit dem Skandal ist sie eine Berühmtheit.

La Femme piquée par un serpent

Auslöser des Skandals war ihr Körper. Der Bildhauer Jean-Baptiste Clésinger (1814-1883), der sich selbst Auguste nannte und zwischen 1844 und 1846 der Geliebte Apollonies[1]

---

[1] Den Ausschlag für ihre Trennung dürfte Apollonies Verhältnis mit dem Bankier Mosselman gegeben haben, das ihr ein sorgenfreies Leben ermöglichte. Clésinger heiratete am 19. Mai 1847 Solange Sand, die Tochter von George Sand. Frédéric Chopin, der Geliebte der Mutter, zeichnet ein wenig schmeichelhaftes Bild des Schwiegersohns: »Wir wußten, daß er verschuldet war und brutal, daß er seine Mätresse schlug und sie, um zu heiraten, verlassen hat, obwohl sie schwanger war usw. usf. ... Er trinkt (das haben wir alle bemerkt, jedoch seinem Genie zugute gehalten). Kurz, alle Künstler, die von ihm als Mensch nicht sonderlich viel halten, sind überrascht, daß Madame S[and] ihn als Schwiegersohn gewählt hat. ... « (*Correspondance*, 8. Juni 1847)

Auguste Clésinger (1814–1883)
Gravüre von Lafosse (um 1866)

war, hatte ihn erst naturgetreu in Gips gegossen und dann in Marmor, auf Rosen gebettet und mit einer Schlange verziert, im Februar 1847 zur wichtigsten Pariser Kunstausstellung eingereicht, dem Salon. Nicht ohne Folgen.

La Femme piquée par un serpent (Statue en marbre, étude), so der Titel der Skulptur, stellt nach Chopin »eine nackte Frau in solch unkeuscher Pose dar, daß der Künstler, um die Haltung zu motivieren, eine Schlange um ein Bein der Statue winden mußte. Es kann einem angst werden, wie diese sich windet.« *(Correspondance)*

Die Öffentlichkeit, der Bürger, ist entsetzt. Was ihn nicht davon abhält, in Scharen den Stein des Anstoßes im Louvre aufzusuchen und ausgiebig zu betrachten. Er wird zum Publikumsmagneten.

»Zuckungen der Wollust« glaubt man wahrzunehmen. Noch dazu am Körper einer Frau, die kein anonymes Modell, sondern eine stadtbekannte Person ist. Deren Büste, ebenfalls im Salon zu bewundern, von demselben Künstler mit dem verräterischen Namenszug Madame S... versehen wurde. Nackt liegt sie da, vor aller Augen, kein mythologischer Mantel bedeckt sie, schamlos zeigt sie ihre Blöße.

Nicht alle Kritiker empfinden das als Makel, so schreibt Théophile Gautier: »Ein junger Bildhauer, Monsieur Clésinger, der nun ein berühmter Bildhauer ist und der es verstanden hat, gleich mit seinem ersten Werk die Künstler, Schriftsteller und die Menge für sich einzunehmen, hat die unerhörte Kühnheit besessen, in unserer Zeit ein Meisterwerk ohne jedweden mythologischen Titel auszustellen, das weder eine Göttin noch eine Quell-, Baum- oder Meeresnymphe darstellt, sondern ganz einfach eine Frau. Denn dieser Wagemutige, dieser Verrückte, dieser Besessene vertritt doch tatsächlich die Ansicht, dies sei ein hinlängliches Sujet.

Einige seiner Freunde, sehr gewitzte Leute, denen man zu Dank verpflichtet ist, denn ohne ihre Vorsichtsmaßnahme wäre die Statue sicher von der Jury in Bausch und Bogen ab-

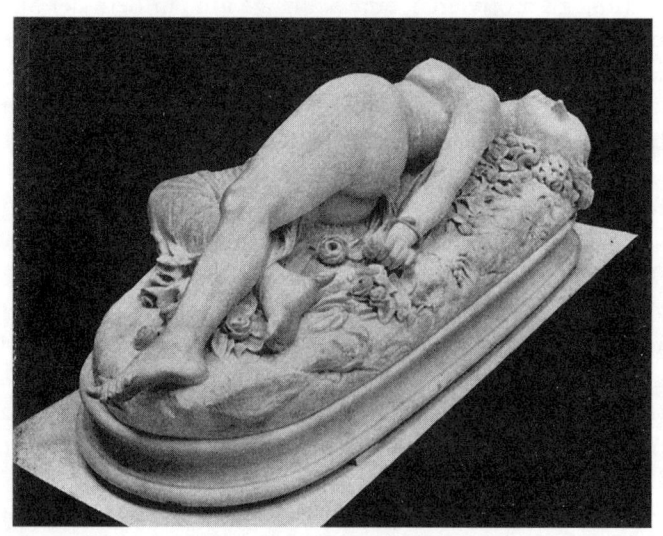

Auguste Clésinger
Femme piquée par un serpent
(Marmor, 1846; Detail)

gelehnt worden, haben ihm den Rat gegeben, um das Bein der Figur irgendeine Schlange zu rollen, eine Natter, eine Viper oder eine Klapperschlange …: das würde sie zumindest etwas bekleiden und ihr ein historisches oder mythologisches Aussehen verleihen, das die Jury günstig beeinflussen könnte. [...]

Wie dem auch sei, die *Femme piquée par un serpent* hat ihren glanzvollen Einzug in den Louvre gefeiert und eine riesige Menschenmenge in den sonst so leeren Saal gelockt. Seit langer Zeit hat die Bildhauerkunst kein Werk von solcher Originalität mehr hervorgebracht. Von der Antike finden sich bei diesem Werk ganz zeitgenössischer Schönheit keine Spuren, und Venus oder Flore können keinen Anspruch auf die Arme und Beine dieser Marmorstatue oder vielmehr dieser Frau erheben; denn sie ist nicht aus Marmor, sondern aus Fleisch und Blut; sie ist nicht gemeißelt, sie lebt, sie windet sich. Oder ist das etwa Einbildung, eben hat sie sich bewegt.« (*L'Artiste,* Paris, 22. August 1847)

Gustave Planche ist da kritischer. Am 1. Mai 1847 spricht er in der *Revue des deux Mondes* der Skulptur jeden künstlerischen Wert ab: »Ich bin weit davon entfernt, die Begeisterung der Menge für die *Femme piquée par un serpent* von Monsieur Clésinger zu teilen. Diese Begeisterung wird jedoch – zumindest ist das zu hoffen – nicht von langer Dauer sein. Wenn es anders sein sollte, wäre der öffentliche Geschmack wirklich beklagenswert schlecht. Doch bin ich geneigt zu glauben, daß die Menge sich dem sachkundigen Urteil der Kunstkenner nicht verschließt und die ganze Tragweite ihrer Fehleinschätzung erkennen und sich nächstes Jahr nicht mehr an den Namen erinnern wird, den sie heute bejubelt und seit sechs Wochen glorifiziert.

Letztes Jahr war Monsieur Clésinger noch mit gutem Recht ein Namenloser. Sollte er tatsächlich in einem Jahr ein solches Maß an Kunstverstand und Kunstfertigkeit dazu gewonnen haben? Ich für meinen Teil glaube das nicht.

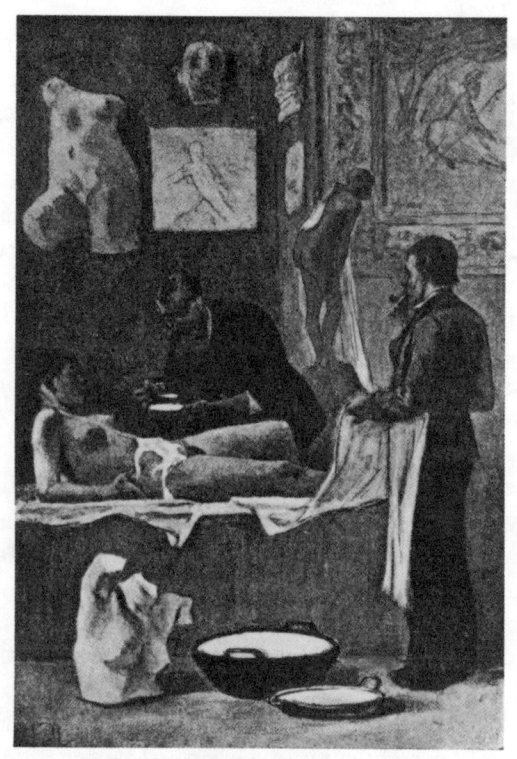

Félicien Rops
Moulage (Gipsabdruck)

Zunächst drückt diese von einer Schlange gebissene Frau keineswegs Schmerz aus, die Schlange ist einer bloße Beigabe, es ist ganz offensichtlich, daß sie erst später hinzugefügt wurde. Wenn man unbedingt den Ausdruck dieser Frau bestimmen wollte, wenn man sagen sollte, was sie versinnbildlicht, welches Gefühl sie beherrscht, würde sicherlich niemand, der über einen gesunden Menschenverstand verfügt und ehrlich ist, den Schmerz nennen. Es ist in der Tat unmöglich, etwas anderes darin zu erblicken als die Zuckungen der Wollust. Was also den Ausdruck betrifft, so hat sich der Künstler darin vollständig getäuscht. Er hat zwei Gefühle verwechselt, die nichts miteinander zu tun haben. Es bleibt nun also nur noch die Ausführung näher zu betrachten. Ich zögere nicht zu behaupten und ich bin auch davon überzeugt, daß jeder, der mit den vollendeten Werken der antiken und modernen Kunst vertraut ist, sich meiner Meinung anschließen wird und zur gleichen Überzeugung kommt, nämlich, daß das Verfahren, dessen sich Monsieur Clésinger bedient hat, in der Bildhauerei dasselbe ist, wie die Daguerreotypie für die Malerei. Was das für ein Verfahren ist? Die Statue hat nicht den Charakter einer modellierten, sondern vielmehr einer gegossenen Figur.«[1]

Um seinen künstlerischen Ruf zu verteidigen, fertigt Clésinger eine weitere, Apollonies Körpergröße überschreitende Skulptur nach ihr an und nennt sie *La Bacchante couchée*. Théophile Gautier kündigt dies am 22. August 1847 in der Zeitschrift *L'Artiste* der Öffentlichkeit an. Clésinger, der »wie Rubens seinen Marmor in 6 Tagen erschafft und am 7. Tag aufs Pferd steigt«, habe »soeben eine *Bacchante* beendet, eine würdige, noch schönere Schwester der *Femme piquée par un serpent*«.

---

[1] Clésinger hatte sich tatsächlich eine *moulage* vom Körper Apollonies angefertigt, ein Verfahren, das nicht sonderlich angenehm ist und das schmerzhaft sein kann, da das heiße Wachs direkt auf den Körper aufgetragen wird. Um diesen Schmerz zu mildern, wird das Modell mit einer dicken Schicht Fettcreme eingerieben.

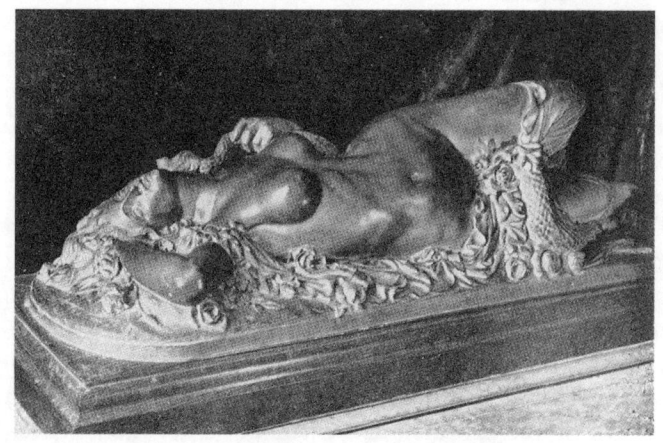

Auguste Clésinger
La Bacchante couchée (1847)

Für diese beiden Werke erhält Clésinger eine Medaille, außerdem wird er mit dem Kreuz der Ehrenlegion ausgezeichnet. In Kopien aus Terrakotta und Gips finden sie zahllose Liebhaber. Die Statue aus Marmor erwirbt Prinz Demidoff für sein Palais. Clésinger wird sie später zurückkaufen. Heute befinden sich beide Statuen nach häufigem Besitzerwechsel im Louvre. Den Gipsabdruck aber hat Bébé, Apollonies Schwester, nach deren Tod zerstören lassen.

4, rue Frochot

Diese sanft ansteigende Straße am Butte Montmartre, auf beiden Seiten von Akazien gesäumt, lag mitten im Quartier Bréda oder, wie die Dandys es nannten, in der Bréda Street, in der Nähe der Barrière Montmartre, der heutigen Place Pigalle. Bevor die Nachtlokale die Ateliers verdrängten, war dort das Nutten- und Künstlerviertel *Nouvelle Athène,* der Treffpunkt und Markt der Modelle, der Wohnort vieler Künstler, von Eugène Delacroix, Hector Berlioz, Gérard de Nerval, Théophile Gautier, Henri Murger, dem Verfasser der *Szenen aus dem Leben der Boheme,* und vieler anderer mehr.

Daß Apollonie dort recht luxuriös wohnen kann, verdankt sie ihrem Gönner, dem ältesten Sohn eines belgischen Bankiers und Besitzers großer Kohlenminen, Alfred Mosselman (1810–1867). Sieben Zimmer in der zweiten Etage nennt sie ihr eigen: ein Vorzimmer, einen Salon, ein Eßzimmer, zwei Schlafräume, ein Ankleidezimmer, eine Küche und eine große Terrasse mit Blick auf die Gärten.

Frédéric Chopin, der Apollonie 1847 in einem Brief erwähnt, sagt von ihr, sie sei die »Mätresse Mosselmans ... seine und die vieler anderer, denn sie ist eine in Paris sehr bekannte, ausgehaltene Frau.«

Edmond Richard, Freund der letzten Tage und ihr Biograph, beschreibt das ein wenig anders: »Apollonie, bezirzt

Dedreux
Alfred Mosselman (1810–1867)
(Ausschnitt aus dem Gemälde
Mosselman et Madame A. Mosselman et leurs enfants
oder La promenade en calèche, 1848)

vom funkelnden Fluidum einer Welt, die sie bis dahin nicht kannte, nahm die Gunstbezeugungen des eleganten Wohltäters an, konnte seiner glühenden Liebeswerbung nicht widerstehen. Trunken vor Lebensglück wurde sie seine Geliebte. Die Opferglocken ihres Rufes aber hörte sie nicht läuten, denn sie liebte ihn, diesen betörenden Mann.«

Die Gebrüder Goncourt sind ihm ebenfalls gewogen. »Für einen reichen Mann«, schreiben sie in ihrem Tagebuch, »ist er nicht allzu dumm.« Und sie berichten weiter, daß er einmal einen Kirchenbaumeister gefragt haben soll, was denn eine Kirche koste, »fix und fertig, Hostie im Maul?«

Ein Mann wie er ist natürlich verheiratet (seit 1835, mit Eugenie Gazzanie), hat Kinder (Charlotte, 1836; Marguérite, 1839; Maurice, 1843 (früh verstorben); Maurice, 1845). Apollonie nimmt das in Kauf, auch, daß ihre Beziehung, zumindest vorerst, geheim bleiben muß, daß ein Freund des Bankierssohns, Fernand Boissard, für die Öffentlichkeit den Strohmann spielt. Mit ihm geht sie ins Theater, mit ihm sitzt sie in der Oper.

Aber Mosselman ermöglicht ihr nicht nur, angenehm zu leben: In dem mit seinem Geld finanzierten und von ihr geführten Salon treffen sich die Geistesgrößen der Zeit.

Am Sonntag, gehört man zum Kreis der Auserwählten, geht man zu Apollonie. »Das Vorzimmer, eine Art Flur«, erinnert sich Judith Gautier, »wirkte fröhlich und heiter. Durch die hellen, mit Blütenzweigen bedruckten Gardinen flutete Licht. In einer Voliere sangen und kreischten Sittiche, Dompfaffe und Bengalis wild durcheinander, und ihr Getöse mischte sich mit dem Gekläff von zwei Zwergpinschern. Das Eßzimmer, dieser berühmte Ort, an dem jede Woche so viel Witz und Verve versprüht wurde, war weder sehr groß noch sehr prachtvoll. Es war mit einem dunkelroten Stoff bezogen, und an der Wand hingen Gemälde und Fayencen. Der viereckige, massive Eichentisch wurde für die sonntäglichen Festlichkeiten bis zu den Wänden ausgezogen.

Maxime du Camp (1822–1894)
Photographie von Nadar

Rechts vom Eßzimmer reihten sich drei weitere Räume aneinander: Boudoir, Schlafzimmer und Badezimmer. Anstelle von Fenstern erhellten Glaswände die Zimmer: durch das Blätterwerk der Vorhänge wirkte das Innere wie ein Gewächshaus.

Der recht große Salon befand sich links vom Eßzimmer, seine Fenster gingen auf die Straße. Ausladende Diwans, gemütliche Sessel, Polster und Kissen bildeten seine Einrichtung, und an den Wänden hingen berühmte Bilder – unter anderem der *Polichinelle* von Meissonier und das phantastische Portät der Herrin des Hauses, mit ihrem kleinen Pinscher auf den Knien, von Ricard.

Die Präsidentin kam aus dem hinteren Teil der Wohnung und kündigte sich mit einem Lachen an, das in silberhelles Trillern überging.« *(Second Rang du Collier)*

»Apollonie besaß«, weiß Ernest Meissonier zu berichten, »die große Gabe, bedeutende Männer um sich zu scharen und einen Salon zu führen, den man mit dem größten Vergnügen aufsuchte. Sie war eine anmutige, feinfühlige, gütige, frohgemute und intelligente Frau, bewundernswert ausgeglichen, mit vielfältigen Talenten. Sie liebte das Licht, die Fröhlichkeit, die Sonne und strahlte wie diese. Für einen vielbeschäftigten, abgespannten Mann war es eine köstliche Erholung und Entspannung, sie immer gleich, immer unverändert guter Laune vorzufinden. Sie besaß die Fähigkeit, einen jeden auf charmante Weise die alltäglichen Sorgen vergessen zu machen. Mit ihrem heiteren Wesen und ihrem liebenswürdigen Naturell war sie die vollkommene Gastgeberin.« (Octave Gréard, 1897)

»Unter dem Vorsitz dieser charmanten Frau«, schreibt Maxime Du Camp in seinen *Souvenirs littéraires*, »fanden wir uns jeden Sonntag am gleichen Tisch wieder, um den sich oft auch Eugène Delacroix, Henri Monnier, Chenavard, der Maler Ricard und Auguste Préault versammelten, ohne all die noch lebenden Schriftsteller und Komponisten zu nen-

Ernest Feydeau (1821–1873)
Photographie von Nadar

nen.[1] Wir haben dort die glücklichsten und entspanntesten Stunden erlebt, die wie die letzten Zuckungen unserer Jugend waren. Man sprach von vielerlei Dingen, manchmal von frivolen, manchmal von ernsthaften: jeder hatte seinen *dada*, wie Onkel Toby. Gautier, Flaubert und Bouilhet hatten denselben: *l'art pour l'art*.«

Gautier schätzte Apollonie sehr, denn »sie zeigte sich den anderen Frauen überlegen, zunächst, weil sie größere Vorzüge besaß als die anderen, dann, weil sie entgegen den Gewohnheiten ihres Geschlechts keineswegs forderte, daß man ihr den Hof machte, und sie zudem den Männern erlaubte, in ihrer Gegenwart über die ernsthaftesten und abstraktesten Dinge zu reden.« *(Souvenirs romantiques)*

»Wenn ich mir die deftigen Geschichten, die verblüffenden Paradoxe und die umstürzlerischen Diskussionen wieder ins Gedächtnis zurückrufe, die am Tisch der Präsidentin stattgefunden haben«, notiert Ernest Feydeau, ebenfalls ein Gast der sonntäglichen Treffen, in seinem Buch über Gautier, »muß ich mich doch über die große Ungezwungenheit einiger Gäste und die unglaubliche Toleranz der Gastgeberin wundern ... Die ganze Einzigartigkeit von Théophile Gautiers Geist kam dort im Kreis seiner Freunde und einer Atmosphäre allgemeinen Wohlwollens, die dem Künstler so notwendig ist, damit er sein Genie frei entfalten kann, zum Vorschein: alle liebten ihn, lauschten ihm wie einem Meister, einem Orakel, ermunterten ihn bei seinen Gedankenflügen. Niemand kann sich eine Vorstellung von der Brillanz der Gespräche machen, die jeden Sonntag an jenem Tisch stattfanden, an dem sich keiner – und darauf achtete die Präsidentin streng – niederlassen durfte, der nicht wohlwollend gesinnt war. Ich habe nicht die Meinung all jener, die dort Platz genommen haben, eingeholt, doch ich denke auch in ihrem Namen sagen zu können, daß wir bei der Präsidentin die an-

---

[1] Paul de Saint-Victor, Ernest Hébert, Charles Edmond, Louis de Cormenin, Charles Jalabert, Hector Berlioz und viele mehr.

genehmsten Stunden unseres Lebens verbracht haben; und dies haben wir der liebenswürdigen Zuvorkommenheit jener charmanten Frau genauso zu verdanken wie dem nie versiegenden, grandiosen Elan von Théophile Gautier. Wir waren alle gute Kameraden, und es war, als ob wir alle gleichen Geschlechts gewesen wären. Madame Sabatier brachte jedem von uns die gleiche Herzlichkeit entgegen und war sehr darauf bedacht, niemanden zu bevorzugen, damit keine Rivalität zwischen ihren Freunden aufkam.«

Le monde Gautier habe sich bei ihr versammelt, wird es später heißen, denn die dominante Persönlichkeit dieser Treffen war Théophile Gautier. Als eine der zentralen Figuren der Pariser Kunstszene kannte er alle und alles. Seine Romane und Gedichte hatten viele Leser, mit seinen Feuilletons und Kritiken gab er den Ton an. Er hatte Zugang zu den Theatern, Ateliers, den literarischen Zirkeln, den Salons, den Zeitungsredaktionen und stand mit den höchsten Gesellschaftskreisen in Kontakt. Meisterhaft beherrschte er die Kunst der Konversation, und mit seinen phantastischen, kaum glaublichen und oft obszönen Geschichten wußte er zu verblüffen und zu schockieren.

Dementsprechend ist auch der Ton dieser Zusammenkünfte äußerst freizügig, geradezu frivol. Mit der Folge, daß nur wenige Frauen es wagten, an diesen »intellektuellen Bacchanalien« teilzunehmen.[1] Eine von ihnen, Alice Ozy, ebenfalls Kurtisane von Rang, erschreckte »das Gehabe all dieser Leute. Sie befanden sich beinahe ständig in einem solchen Zustand nervöser Überreiztheit, daß man sie für verrückt hätte halten können.«

---

[1] Apollonies beste Freundin, Emma Meissonier, besuchte sie lieber unter der Woche, des Anstands wegen. Bébé, Ernesta Grisi und nicht zuletzt die schöne Italienerin Sisina Neri (Louise Neri de Silva) aber erlebten den sonntäglichen Kreis.

Madame Sabatier sei daran nicht ganz unschuldig, weiß Alice Ozy weiter zu berichten. Sie ermunterte sie zu ihren seltsamen Einfällen. Und um derlei Ausfälle zu illustrieren, erzählt sie, daß Gautier einmal, »als er bei mir zu Hause saß und sich in so einem Zustand befand, mit sanfter Stimme zu mir sagte: › Ich habe mich immer danach gesehnt, eine nackte Frau mit grünem Hintern, laute Schreie gen Himmel ausstoßend, rittlings auf dem höchsten Wipfel eines Baumes sitzen zu sehen. ‹«

Auch die Gebrüder Goncourt werden ihr später, am 11. April 1864, in ihrem Tagebuch ihre zu große Toleranz zum Vorwurf machen: »Den Abend mit Madame Sabatier verbacht, der berühmten Präsidentin mit dem wunderbaren Körper, den Clésinger in seiner *Bacchante* modelliert hat. Eine eher derbe Natur mit gewöhnlichem Wesen. Man könnte diese Schönheit etwas gemein als Marketenderin der Satyre bezeichnen.«

Gautiers *Präsidentin*

Jeder der erlauchten Runde bekam einen Spitznamen. Flaubert etwa hieß aus unerfindlichen Gründen *Sire de Vaufrilard,* Gautier war der *Éléfant,* seine Lebensgefährtin Ernesta Grisi taufte man *La dinde enorme* (der große Truthahn), Louis Bouilhet hieß wegen seines pastoralen Aussehens *Monseigneur,* Barbey d'Aurevilly *Le Connétable* und Feydeau *Noboukoudouroussour.* Madame Sabatiers Gönner aber, ohne dessen Geld all das nicht möglich gewesen wäre, mußte sich mit dem Namen *Maccarouille* abfinden.

Apollonie hat ihren Spitznamen dem Einfall Gautiers zu verdanken, eines Tages einen *président de table* zu wählen. Ein Phantom sollte seiner Meinung nach dieses Amt bekleiden: Josef Prudhomme, eine Figur aus dem Werk von Henri Monnier. Satirisch überspitzt vereinigt er alle Eigenschaften des kleinbürgerlichen Spießers der Biedermeierzeit in sich.

Zugleich aber diente sein Name auch als Pseudonym für die diversen erotisch-pornographischen Publikationen seines Erfinders. Wenn dieser allerdings verhindert sei, bestimmte Gautier, habe Apollonie Sabatier den Vorsitz zu nehmen, als Präsidentin.

In dieser Eigenschaft erhält sie im Jahre 1850 den berüchtigten *Lettre à la Présidente*. Erst 40 Jahre später wird er als Privatdruck veröffentlicht werden. Gautier hatte die Publikation zu Lebzeiten untersagt, aber nichts dagegen einzuwenden, daß er unter Freunden die Runde machte und sogar in der Rue Frochot verlesen wurde, als Beschreibung seiner (fiktiven) Erlebnisse in Italien.

»In Florenz gibt es nur eine einzige Hure. Dieses arme Geschöpf ist so beschäftigt, daß man sich vierzehn Tage vorher einschreiben muß. Wenn sie sich waschen würde, legte sie den ganzen Arno trocken, doch das nähme zu viel Zeit in Anspruch. Jedem Kunden werden bloß sechs Bewegungen nach vorn und sechs nach hinten gewährt; diejenigen, die langsam arbeiten, zahlen das doppelte oder dreifache, je nachdem. [...]

Was nun die anständigen Frauen betrifft, so ist es schwierig, sie zu bespringen, denn sie haben immer eine dicke männliche Pampe auf ihrem Venusberg. Der Gatte, der Liebhaber und der Bediente folgen mit nur kurzer Unterbrechung immer wieder aufeinander, so daß man eine der wenigen Ruhepausen abwarten und sich in nächster Nähe der Votze aufhalten muß, die Wurzel in der Hand, damit man sie im geeigneten Moment zwischendrin mal schnell einpflanzen kann.« Gautier bricht diesen Brief, der in anderen Passagen noch um vieles derber ist und vor Obszönität strotzt, mit dem Hinweis ab, daß er nicht den ganzen Unflat vorwegnehmen, sondern auch »einige Sauereien für den Nachtisch« übriglassen wolle. Denn »bald werde ich wieder meinen Platz an ihrer sonntäglichen Tafel einnehmen können und die Feder mit der Zunge vertauschen. – Oh, wie gern würde ich sie irgendwo hineinstecken, und

ich wäre, wie Sie wissen, in der Wahl des Loches nicht wählerisch.«

Doch nicht nur an Madame Sabatiers sonntäglicher Tafel
erfreut man sich an diesem Brief. Die Gebrüder Goncourt
berichten in ihrem Tagebuch unter dem 13. Dezember 1857
von einem Essen bei dem Schriftsteller und Wechselagenten
Uchard. Zum Nachtisch habe Paul de Saint-Victor jenen
mittlerweile berühmt-berüchtigten Bericht einer pornogra-
phischen Reise vorgetragen, von dem bereits einige Kopien
im Umlauf waren, »einen achtseitigen Brief an Madame Sabatier, die Sängerin[1], die er die Präsidentin nennt. Es findet
sich etwas darin von Sade, Michelangelo, Saint-Amant, Tizian, Régnier, Teniers und Ricord; Heißes, Rohes, Deftiges,
Wildes, Scheiße! Alle Gedankenbrunst eines Sommermit-
tags in einem Wald; das Hohe Lied des Spermas, ein Phallus,
mit Kohle von einem Satyr auf eine Wand in Paros gezeich-
net. All das ist da, in einer haarsträubenden dichterischen
Sprache, die mit Plätschern in einem Pißbecken planscht,
mit dem Kichern einer Menge, die sich in einem antiken
Tempel verarscht! Und aus all dem, aus der ganzen geilen
Aufschneiderei geht der Erzähler jungfräulich hervor: sein
Reisebegleiter, Cormenin, hat die ganze Zeit über für ihn gevögelt. Ein guter Vater und guter Ehemann, der brave Gautier, dessen ganzes Leben durch jenen Irrtum umgeworfen
worden ist: auf dem Weg zu Carlotta Grisi hat er sich in der
Tür geirrt, ist bei Ernesta eingetreten, hat ihr in der Vagina
ein paar Kinder vergessen, und die haben ihn vor den Herrn
Standesbeamten geführt.

Alles nur Prahlerei, nichts als Prahlerei bei diesem Bourge-
ois. Es ist noch gar nicht lange her, als sich bei einer Premiere
im Théâtre-Lyrique die Guimond, › der Löwe ‹, wie sie sich
nennt, aus ihrer Loge beugte, als er vorbeikam: › Ich habe

---

[1] Während des sonntäglichen Zusammenseins hat, am Klavier begleitet von Ernest Reyer, Madame Sabatier immer wieder einmal gesungen.

Henry Valentin
Un atelier au 19e siècle (1849)

einen Vorschlag für Sie! ‹ – ›Wenn es etwas Verruchtes ist, nehme ich an, nehme ich sofort an! ‹«

Tatsächlich, so sehr es Gautier auch Spaß macht, Leute zu schockieren (wenn er etwa im offenen rosanen Hemd, grauem Mantel und grünen Pantoffeln im Quartier Bréda spazierenging), so sehr fürchtete er jeden Skandal. Dem Brüsseler Verleger Poulet-Malassis, der eine Sammlung erotischer Texte plante, schreibt er beispielsweise am 16. Oktober 1863: »Mir ist zu Ohren gekommen, daß Sie die Absicht haben, in Brüssel unter dem Titel *Parnasse satyrique moderne* eine Auswahl der Dichtungen zu bringen, die man im 16. Jahrhundert *gayetés*, im 17. *juvenilia* nannte. Man sagte mir auch, daß einige Stücke, die zu Unrecht mir zugeschrieben werden und die ich ausdrücklich verurteile, unter meinem Namen darin erscheinen sollen. Ich rechne mit ihrem gewohnten Taktgefühl und Verständnis, daß sie diese Gedichte nicht in eine Sammlung aufnehmen werden, deren Veröffentlichung, und sei es auch nur im Ausland, mir sehr inopportun und riskant erscheint.« Dennoch brachte Poulet-Malassis 1864 die *Poèmes érotiques* heraus, allerdings anonym.

Unter dem Titel *Théophile Gautier. Entretiens, Souvenirs et Correspondance* hat sein Schwiegersohn Émile Bergerat 1879, also sieben Jahre nach Gautiers Tod, einige der in einem sehr freizügigen Ton an seine Freunde geschriebenen Briefe Gautiers der Öffentlichkeit zugänglich gemacht. Der berühmte Brief aus Italien ist nicht darunter.

Lettre à la Présidente

»Gedruckt in sehr kleiner Auflage nur für einige Neugierige im Schloß des Elends 10008008010« erscheint dieser Brief erst im Jahre 1890. Der Name des Autors ist nur angedeutet: Théophile G... *Lettre à la Presidente (Voyage en Italie)* 1850. Eine zweite Ausgabe, mit dem Vermerk: »Aus der Druckerei des Geheimarchivs des König von Neapel« erscheint im sel-

Félicien Rops
La Présidente (um 1890)

ben Jahr. Beiden Publikationen wurde eine Radierung von Félicien Rops beigelegt, die die Präsidentin darstellen sollte.

Die deutsche Ausgabe, äußerst selten und begehrt, »wurde im Jahre 1906 als Privatdruck des Herausgebers in einer Auflage von 1000 Exemplaren hergestellt« und handschriftlich numeriert. Der Herausgeber und Übersetzer Dr. Willy Heine hat diesem Buch das im folgenden abgedruckte Vorwort vorangestellt:

»In der vom Schwiegersohne Gautiers verfassten Biographie des grossen Dichters (*Théophile Gautier. Entretiens, Souvenirs et Correspondance.* Avec une Préface de Edmond de Goncourt et une Eau-forte de Félix Braquemond. Paris, G. Charpentier, 1879, S. 282) macht der Verfasser, Emile Bergerat, in einer Fussnote zu einem Briefe Gautiers an Eugen de Nully folgende Anmerkung: › Dieser kuriose Brief stammt aus dem Jahre 1835 und ist an Eugen de Nully nach Afrika gerichtet – gegenwärtig befindet sich das Schreiben im Besitze Prosper de Nully. Ich konnte ihn nicht gänzlich wiedergeben, denn er ist so frei abgefasst, dass ihn die französische Prüderie nicht ertragen könnte. Vom Standpunkt des Biographen beansprucht er jedoch ein grosses Interesse, und würden Exemplare des Journals *Ariell,* von dem uns Théophile Gautier mitteilt, dass er daran mitgearbeitet hat, sich im Preise steigern lassen, wenn's überhaupt noch welche davon gäbe. Man beachte den originellen Ausdruck, der so sehr alles sagt: › Sende mir einige Töpfe Lokalkolorit! ‹ –

Was den Ton betrifft, der in diesem Briefe herrscht, und den, ich gestehe es zu, ich mich zu mildern bemüht habe, so darf man nicht vergessen, dass der Meister 24 Jahre alt war, als er ihn schrieb, dass er an einen intimen Freund gerichtet war, der ebenso der romantischen Sturm- und Drangperiode angehörte, wie er selbst, und an den zotigen Atelierton jener Zeit gewöhnt war. Uebrigens war der Brief nicht für die Oeffentlichkeit bestimmt, was unnütz ist, noch zu bemerken. Théophile Gautier hat zwei oder drei freie Briefe in seinem Leben geschrieben, mehr um sich in der Rabelaisschen

Derbheit, die ihm eigen war, und an dem Gebrauch verschollener Worte zu üben, als aus gemeinen Motiven, wie man vielleicht glauben könnte. Meister Gautier vermochte die Sprache der alten gallischen Erzähler mit verschwenderischer Beredsamkeit zu beherrschen. Einer der Briefe, von denen ich spreche, ist ganz in der Art Rabelais'! Und von diesem vollendeten Lesestücke sprechen die Künstler unseres Berufes, die es kennen, nur mit Enthusiasmus. Es ist der Bericht über eine Reise in Italien, hat mehr als zwanzig Seiten und würde eine Plaquette bilden ... wenn er druckbar wäre. Er ist es nicht, unglückseligerweise! Denn er würde zeigen, welch' ein Ciseleur von Worten Théophile Gautier war und welch' ein Erzähler. ‹

Dieser letzterwähnte Brief ist an eine Freundin Théophile Gautiers gerichtet, über die Ernest Feydeau (*Souvenirs intimes de Th. Gautier*) schreibt: › Damals lebte in Paris ein schönes und liebenswürdiges Weib, das in der Künstlerwelt wohl bekannt war und zwar sowohl durch das treffliche Porträt, das Ricard von ihr gemacht hat, als auch, weil es hiess, sie habe zu Clésingers schöner Statue: *Weib von einer Schlange gestochen* [sic], die den Ruhm des Künstlers begründete, Modell gestanden.

Madame S ... wohnte Rue Pochot [sic], empfing nur Künstler und vereinigte jeden Mittwoch [sic] um ihren Tisch die meisten meiner Freunde: Th. Gautier, Flaubert, Bouilhet, Baudelaire, Reyer, der Kompositeur, Préault, der Bildhauer, Maxime de Camp, Henry Monnier waren ihre ständigen Gäste. Wenn, um mit Gautier zu sprechen, »sie sich anderen Frauen überlegen zeigte, so war es, abgesehen davon, dass sie besser gebaut war, auch noch deshalb, weil sie, entgegen den Gewohnheiten ihres Geschlechtes, nicht verlangte, dass man ihr ständig die Cour schneide; sie gestattete den Männern gern, vor ihr die ernstesten Dinge zu diskutieren, die abstraktesten Themen zu behandeln, und man hatte sie *La Présidente* tituliert, ein hübscher Spitzname, den

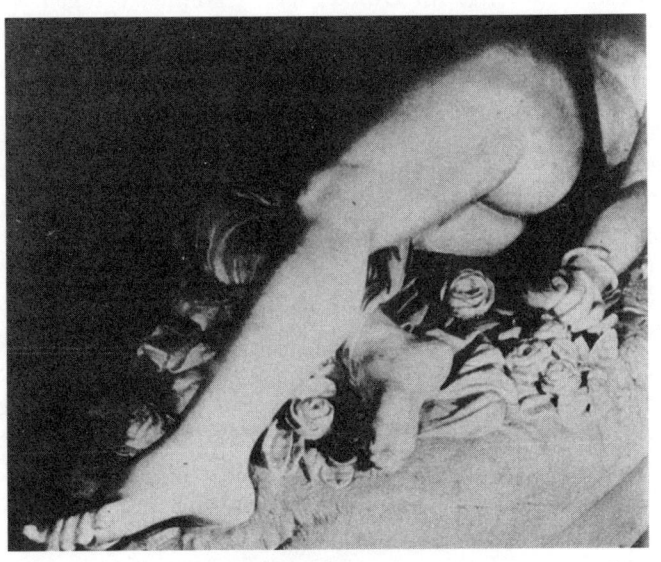

Auguste Clésinger
Femme piquée par un serpent
(Marmor, 1846; Detail)

Madame S. mit unnachahmlicher Grazie und voll Geist und Witz zu tragen verstand.« ‹

Dieser Brief, dessen Wiedergabe Monsieur Bergerat nicht für möglich hielt, dieses Glanzwerk einer saftigen und farbenreichen Sprache, das nur eine lächerlich übertriebene Prüderie so lange im Dunkel halten konnte, bringen wir, zum erstenmale › pour l'esbatement des pantagruélistes et non aultres ‹ (zur Belustigung der Pantegruelisten und niemand anderem), wie Meister François sagen würde.«

Daß Gautier den derb-obszönen Tonfall des Italien-Briefes auch in den sonstigen Mitteilungen, Karten und Briefen an die Präsidentin beibehielt, ist erst seit 1927 nachzulesen, seit nämlich Helpey (= Louis Perceau) und Sylvestre Bonnard (= Pierre Dufay) weitere 65 Briefe Gautiers unter dem Titel *Lettres à la Presidente et Galanteries poétiques* publizierten. Ob Gautier Karten für die Oper oder für Theateraufführungen schickt, ob er sie zum Essen einlädt oder eine Einladung absagt, immer küßt er ihren großen Zeh, wünscht sich einen Tropfen ihres Schweißes für seine Räucherpfanne, erbittet sich eine Schweißperle zum Auffädeln und sendet »tausend erquickliche Schweinereien«: »Könnte doch mein Sperma von mir bis in die Rue Frochot spritzen, in Deine rötlichen Haare und auf Deinen Spiegel! Ganz der Deine!«

In seine guten Wünsche schließt Gautier eine Zeitlang auch Bébé, Apollonies kleine Schwester, mit ein. Mit ihr, so sagt man, habe er tatsächlich eine leidenschaftliche Affäre gehabt. »Du bist meine Liebe, sie ist mein Laster«, schreibt er 1854 an Madame Sabatier. Was dagegen sie selbst angeht, ist man sich nicht sicher. Denn äußerst perfekt wahrt sie den Schein. Nie habe sie Mosselman betrogen, lautet ein Gerücht, fast nie, ein anderes.

Gautier jedenfalls hält ihr die Treue, auch nach ihrer Trennung von Mosselman. Er lädt sie zu den immer donnerstags stattfindenden Treffen bei sich zu Hause in Neuilly ein. Auch am 31. August 1862, anläßlich seines Geburtstages, war sie unter seinen Gästen. Die Gebrüder Goncourt notieren:

»Man kehrte zum Tanz in den Salon zurück. Da waren an Männern anonyme, an Frauen alle Arten gemischter Welten. Jene war, wie man mir sagte, eine Modistin; die dort, ganz in Spitzen, Mademoiselle Favart mit ihrer Miene eines verträumten Schafs. Dann kam, von ihrer Mutter als Anstandsdame begleitet und überwacht, ein künftiger Opernstar, eine Tänzerin, die man vom Jockey-Club aus noch nicht mit bloßem Auge sehen kann, Mademoiselle Renou, eine Diane de Poitiers in ihrer ersten Blüte, ein elegantes, feines und reizendes Wunder der Natur, bei dessen Erschaffung Gott Goujon und Cellini um Rat gefragt zu haben scheint. Dann die Geliebte Mosselmans, die *Präsidentin*, wie man sie hier mit vertrautem Namen nennt, Madame Sabatier, die Frau, die für die *Bacchantin* von Clésinger zum Modell gedient hat: wirklich eine Bacchantin mit lässiger Grazie, einem gemächlichen Sichgehen-Lassen in den Bewegungen, einer bestrickenden Wollüstigkeit; doch sie wird jetzt zu fett, ihre runden Schultern überziehen sich mit Rötung: das Älterwerden bildet diese Rubens'sche Göttin in die Manier eines Jordaens um.

Alle diese Leute fingen an, kunterbunt zu tanzen, zu walzern, sich zu drehen. Und inmitten der Kleider, der flatternden Schals, des Wirbels zirkulierte Doré, krümmte sich, verrenkte sich, makaber und unermüdlich, und parodierte mit unerbittlicher Ironie und der Wendigkeit eines Flickschusters die Charakterposen, die Elastizität eines Operntänzers, die Figuren eines spanischen Tanzes. Und ab und zu streifte irgendein höchst zynisches Wort, das Saint-Victor der Sabatier sagte, die Ohren der jungen Mädchen, die nicht erröteten.«

Gustave Ricard
La femme au chien (um 1850)

Baudelaires *weiße Venus*

»Am 7. Februar 1852 erschien um drei Uhr morgens beim Ball der Schauspieler im Saal Favart Madame S..., die einzigartige Statue von Clésinger, in einer Woge aus Spitzen, die die Kölner Jungfrauen hätten bleich vor Neid werden lassen, und belebte die Bewunderungsrufe, die bereits zu erlöschen begannen. Ihr außerordentlich anmutiges und feines Haupt war von einem Kranz aus silbernen Blumen umgeben, deren lange Blätter bis auf ihre Arme (welche der Venus von Milo fehlen) herunterhingen. Wir nannten sie eine Nympharum pulcherrima.« (Madame Roger de Beauvoir in der *Revue de Paris,* März 1852)

Gustave Ricard malt Apollonie 1850, mit einem ihrer Hündchen. Doch nicht nur er. Achtmal steht sie in diesen Jahren allein Ernest Meissonier Modell. Er verehrte sie als »eine anmutige, feinfühlige, gütige, frohgemute und intelligente Frau.« Und Gustave Flaubert schätzte ihr »gesundes Wesen«.

Judith, Théophile Gautiers Tochter, hat sie mit Worten gemalt: »Sie war ziemlich groß und wohlproportioniert, sie hatte sehr feine Glieder und reizende Hände. Ihr kastanienbraunes Haar glänzte golden und fiel in üppigen, schillernden Locken natürlich auf ihre Schultern. Ihr Teint war hell und klar, ihre Gesichtszüge, aus denen etwas Schalkhaftes und zugleich auch Geistvolles sprach, waren ebenmäßig. Um ihren kleinen Mund spielte stets ein Lächeln. Sie strahlte Helligkeit, Güte und Fröhlichkeit aus.«

So muß sie auch Charles Baudelaire erschienen sein, als eine *weiße Venus.*

»Den Kummervollen, den Du im Vorübergehen streifst, trifft blendend die Gesundheit, die als Helle von Deinen Armen und Schultern strahlt.« Dieser Gedichtvers ist nicht nur als Kompliment gemeint, er ist auch ein Vorwurf. Charles Baudelaire sieht in Apollonie nicht nur »die Sehr-Schöne, die Sehr-Liebe, die Sehr-Gute«. Ihre › Gesundheit ‹, ihr

Frohsinn, ihre Güte schmerzen die wunde Seele, machen sie ihr doch nur umsomehr bewußt, wie sehr sie zu leiden hat.

»Engel voll Gesundheit, kennst Du die Fieberschauer, die an den großen Mauern des fahlen Siechenhauses hinschleichen gleich Verbannten, schleppenden Fußes den spärlichen Sonnenschein suchend und lautlos die Lippen regend? Engel voll Gesundheit kennst Du die Fieberschauer?«

Nein, der Engel kennt sie nicht, er hat kein Gespür dafür, daß bisweilen »die Sonne wie bittrer Hohn die Brust zerreißt«. Baudelaire kann ihm das nicht verzeihen, oder besser ihr, denn keiner anderen als Apollonie sind diese Zeilen gewidmet: »Närrin, nach der ich närrisch bin, ich hasse Dich so sehr, wie ich Dich liebe!«

Er liebt sie, seinen »Schutzengel, seine Muse und Madonna«, weil sie »seine Schritte auf der Bahn des Schönen lenkt«, weil sie ihm Halt gibt, wenn er »in der schwarzen Nacht seiner angeborenen Schlechtigkeit und Torheit versinkt«. »After a night of pleasure and desolation, all my soul belongs to you!« Er haßt sie, denn sie ist »eine allzu fröhliche Frau«. »Der Frühling und das Grün kränkten mein Herz so sehr, daß ich die Frechheit der Natur an einer Blume strafte. So auch möchte ich eines Nachts, wenn die Stunde der Wollüste schlägt, zu Deines Leibes Schätzen wie ein Feigling lautlos schleichen, um Dein frohes Fleisch zu züchtigen, um Deine noch verschonte Brust zu geißeln und in Deine überraschte Flanke eine klaffend tiefe Wunde zu schlagen, und süß taumelnder Rausch! durch diese neuen Lippen, heller und schöner leuchtende, mein Blut / Gift Dir einzuflößen, meine Schwester!«

Anonym, in verstellter Handschrift, erreichen Apollonie vom 9. Dezember 1852 bis Mai 1854 diese Verse. Nicht immer sind sie so bedrohlich, auch wenn mit dem Wort Gift nicht die Ansteckung mit Syphilis gemeint ist, wie die Richter später mutmaßen werden, sondern eher die Infizierung mit *spleen*, mit Schwermut.

In den sie manchmal begleitenden Briefen gesteht der Absender ihr seine Liebe, die er als »begeisternde und reinigende Schwärmerei« beschreibt: »Im gegenwärtigen Augenblick bin ich ganz einfach glücklich, Ihnen erneut zu beteuern, daß keine Liebe je uneigennütziger, idealer und so völlig von Achtung durchdrungen war als jene, die ich insgeheim für sie hege.« Oder noch deutlicher im Gedicht *Semper eadem:* »Lasse, o laß mein Herz an einer Lüge sich berauschen, in Deine Augen tauchen wie in einen schönen Traum.«

Erst 1857, nach Jahren der Anonymität und des Schweigens, offenbart sich der Briefschreiber plötzlich. Seine *Fleurs du Mal,* seine Blumen des Bösen, sind gerade erschienen, in ihnen die Apollonie gewidmeten Gedichte, und umgehend beschlagnahmt worden. Baudelaire hofft, Madame Sabatier könne für ihn etwas erreichen. Sie kann es nicht. Einige seiner Gedichte werden verboten, Baudelaire wird verurteilt.
Der Bann der Anonymität zwischen beiden aber ist gebrochen. Sie, die sich wissend-unwissend über Jahre immer wieder begegnet waren, finden am 27. August 1857 zueinander. »Ich kann Dir sagen«, schreibt ihm Apollonie kurz darauf, »ohne daß Du mich der Übertreibung beschuldigst, daß ich die glücklichste der Frauen bin, daß ich meine Liebe zu Dir niemals tiefer empfunden habe, daß ich Dich niemals schöner gesehen habe, niemals bewunderungswürdiger, mein göttlicher Freund, ganz einfach. Jetzt mag kommen was will, ich werde Dich immer so sehen, das ist der Charles, den ich liebe.« Zu ihrer Überraschung aber, zu ihrem Leidwesen, zieht Baudelaire sich sofort von ihr zurück.

Es wurde viel gerätselt, was ihn so verschreckt haben könnte, welches die Gründe waren für den radikalen Bruch zwischen dem Poeten und seiner Muse. Man wird das Geheimnis nicht lüften können. Auch Baudelaires Antwortbrief gibt nur unzureichend Auskunft, weist aber die Richtung: Ihm fehle der Glaube, denn sie habe nur eine weibliche Seele, aber auch von der Angst, einem Biedermann (Mosselman), der liebe, wehzutun, und von Banden, die sich nur schwer lösen lassen, ist die Rede. »Und schließlich, ja schließlich warst Du vor ein paar Tagen eine Gottheit, und das ist so bequem und so schön, so unantastbar. Jetzt bist Du *Frau*.«

Apollonie hätte gewarnt sein sollen, es war nicht sie, die er begehrte: »Sie sind für mich nicht nur die anziehendste Frau, die es gibt – aller Frauen –, sondern zugleich auch der liebste und kostbarste aller Fetische. – Ich bin ein Egoist, ich nütze sie aus.«

Der Schmerz bleibt, und schnell hat Apollonie die Schuldige ausgemacht. Es ist, wie könnte es anders sein, eine *andere*, Baudelaires langjährige Geliebte, Jeanne Duval, seine *schwarze Venus*. Das Motiv der Abkehr ist gefunden, die Seele findet Ruhe: »Was soll ich denken, wenn ich Dich meine Zärtlichkeiten fliehen sehe, es sei denn, daß Du an die andere denkst, deren schwarze Seele und schwarzes Gesicht sich zwischen uns drängen? Kurzum, ich fühle mich gedemütigt und erniedrigt. Besäße ich nicht genügend Selbstachtung, ich würde Dich beschimpfen. Ich wollte Dich leiden sehen. Denn die Eifersucht kocht in mir, und in solchen Augenblicken ist man keiner vernünftigen Überlegung fähig. Ach! lieber Freund, mögen Sie von solchen Leiden immer verschont bleiben. Was für eine Nacht habe ich verbracht, und wie habe ich diese grausame Liebe verflucht! [...]
Bonjour, mon Charles. Wie geht es dem, was Ihnen an Herz geblieben ist. Das meine ist ruhiger. Ich rede ihm nachdrücklich zu, um Sie nicht zu sehr mit seinen Schwächen zu langweilen. Sie werden sehen! Es wird mir gelingen, es auf die Temperatur hinabzuzwingen, die Ihnen vorschwebte. Gewiß, ich werde leiden, aber Ihnen zu Gefallen will ich mich mit allen erdenklichen Schmerzen abfinden.«

Was ihr bleibt, ist die Rolle der Freundin. Sie fügt sich darein.

Flauberts *Maréchale*

»Welches Unwetter ist denn am Horizont der Präsidentin heraufgezogen? Verhält sich Mac-ha-Rouille [Mosselman] also wirklich wie ein Schuft? Berichte mir doch darüber einige Einzelheiten, wenn Du kannst. Das wäre wirklich eine sehr ärgerliche Geschichte für uns alle, denn das war (zumindest für uns) der einzige angenehme Ort in Paris.« (Louis Bouilhet an Flaubert, 31. März 1860)

Seit 1856 war Flaubert Gast der sonntäglichen Diners bei der Präsidentin. Er hat ihr wohl auch, ohne Erfolg wie es scheint, den Hof gemacht, Die Widmung jedenfalls, die er ihr in ein Exemplar der *Madame Bovary* schrieb, läßt sich so interpretieren: »Dem charmanten Wesen, der bezaubernden Frau, der hinreißenden Freundin, unserer schönen, guten, unempfänglichen Präsidentin, Madame Aglaé Sabatier, eine kleine Huldigung von Ihrem zutiefst ergebenen Gve. Flaubert.«

»Unempfänglich«, dennoch sendet er ihr glühende Briefe. Auch er stürzt sich darin »auf Ihre Stiefelchen, um sie mit Küssen zu bedecken«. Auch er träumt von ihr und paßt sich ganz dem frivolen Ton der Sonntage in der Rue Frochot an. »Jeden Morgen«, schreibt er, »sieht meine Bettdecke in Erinnerung an Sie aus wie ein arabisches Zelt.« Er stellt sich vor, »daß Sie des öfteren Ihren schönen Frauenkörper in die Wellen der Seine getaucht haben. Wie entzückt muß die Tribade unter Ihnen gewesen sein! Und wie gern wäre ich an ihrer Stelle gewesen!«

Einen Aufschrei des Herzens nennt er im nachhinein solche Phantasien. Aber Apollonie ist für ihn nicht nur Projektionsfläche seiner erotischen Energien. Als es ihr nach dem Bruch mit Mosselman finanziell und psychisch schlecht geht, hält er zu ihr und zeigt Mitgefühl. Er hat auch einige ihrer Erlebnisse und Eigenschaften in seinem Desillusionsroman *L'Éducation sentimentale - Lehrjahre des Gefühls* verarbeitet. Maxime du Camp schrieb ihm nach der Lektüre des

Madame Sabatier (um 1862)

Manuskripts, daß »ihm die Präsidentin sehr gut gelungen sei«.

La Maréchale hätte – ebenso wie die Präsidentin – ihr letztes Hemd für eine Loge verkauft, denn sie will gesehen werden. Sie will das strahlende Lachen ihrer Zähne zeigen, das Funkeln ihrer Augen. Und sie wohnt (im Roman) ganz in der Nähe, in der Rue de Laval, die einen Winkel mit der Rue Frochot bildet. Nicht zu reden von den Vogelkäfigen und den havanesischen Hündchen.

Letzte Jahre

»Die Präsidentin ist inzwischen über Mac-à-Rouil hinweggekommen, der ihr endgültig eine Pension von 6000 Francs jährlich bezahlt. Ich denke, daß sie einen anderen Môsieu [sic] finden wird. (Sie hat es nicht sehr gut getroffen in all diesen Angelegenheiten, das arme Mädchen!)«, schreibt Flaubert am 20. Juli 1860 an Ernest Feydeau.

Aus Stolz habe sie diese Rente ausgeschlagen, wird berichtet. Belegen läßt sich das nicht. Allerdings wendet sich Madame Sabatier nun der Miniaturmalerei zu, die sie einst bei Meissonier erlernt hatte. Im Salon 1861 werden vier ihrer Arbeiten gezeigt, die Gautier im *Abécédaire du Salon de 1861* lobend bespricht:

»Madame Sabatier, eine Schülerin von Meissonier oder vielmehr ihre eigene, fertigt reizende Ölporträts, die die ganze Zartheit von Miniaturen aufweisen. Diese Bilder, die nicht größer als ein Daumennagel sind und die man in eine Brosche einpassen könnte, sind von einer Feinheit der Farbe, einer Zartheit des Umrisses und einer Lebhaftigkeit, die man nur mit Mühe, wenn überhaupt, auf Elfenbein erzielen könnte.

Die Kinderporträts sind in ihrer Frische und Jugendlichkeit des Tones ganz bezaubernd. Die schwarzgekleidete, junge Frau entbehrt nicht der Reize, doch ziehen wir das

Sir Richard Wallace (1818–1890)

Selbstbildnis der Künstlerin vor, das uns jenen Kopf im Profil zeigt, den wir auf dem berühmt gewordenen Gemälde von Ricard bereits von vorne gesehen haben.«

Wie immer sind die Goncourts wohlinformiert. Jules Goncourt schreibt im Dezember 1861 an Flaubert: » ... weitere Neuigkeiten, Madame Sabathier [sic] verkauft diesen Monat all ihre Nippsachen. Es ist bereits angeschlagen. Mr. M... hat sie nun wohl endgültig verlassen. Die arme Frau befindet sich in einer wirklich mißlichen Lage. Sie ist gezwungen, ihre Miniaturmalerei wieder aufzunehmen.«

Tatsächlich schränkt Madame Sabatier ihren Lebensstil drastisch ein. Am 13. Dezember 1861 kommt ein Teil ihres Mobiliars und ihrer Kunstgegenstände im Hôtel Drouot zur Versteigerung. »Wir möchten schon heute die Versteigerung des Mobiliars einer jungen Künstlerin, Madame Sabatier, ankündigen. Dieses kleine, intime Museum birgt eine herrliche Marmorbüste von Monsieur Clésinger, eine Sèvres-Porzellanfigur nach Falconet und, neben anderen Gemälden einen geistsprühenden Polichinelle [dummen August], den Monsieur Meissonier in übermütiger Laune auf eine Tür gepinselt hat.«
Der Harlekin wird vom Marquis d' Hertford, dem Vater von Richard Wallace für 13 000 Francs ersteigert, die Büste von Clésinger erzielt 3 000 Francs und wird vom Staat erworben. Insgesamt bringt die Versteigerung Madame Sabatier 43 000 Francs ein.
Dennoch muß sie 1862 ihre Wohnung in der Rue Frochot aufgeben. Judith Gautier berichtet über diese schwere Zeit: »Mit fröhlichem Gleichmut fügte sie sich in ihre neue Situation. Trotz ihrer Niederlage hatte sie sich ihren Frohsinn bewahrt.«
Einen Teil ihres überflüssigen Mobiliars und ihre Kunstgegenstände hatte sie verkauft; mit den Überresten ihres einstigen Luxus' hatte sie sich in der kleinen Erdgeschoßwoh-

nung 10, rue de la Faisanderie ein reizendes Nest eingerichtet. Singend bereitete sie ihre Mahlzeiten selbst zu, den kleinen Finger von ihrer mit Türkisen beringten Hand abgespreizt. Ich bewunderte sehr ihren Mut und ihre Seelenstärke. Sie war immer noch »la très belle, la très bonne et la très chère«, sie, zu der der Verfasser der *Fleurs du Mal* eine so erhabene Liebe gefaßt hatte …«

Ihr Lebensoptimismus wird belohnt. Richard Wallace (1818–1890), Sohn des Marquis von Hertford und einer ihrer ersten Geliebten, nimmt wieder Kontakt zu ihr auf. Möglicherweise waren sie sich auf der Versteigerung begegnet. Mit ihm unternimmt sie Reisen nach Holland, Belgien, auf die Insel Wright und an den Luganer See. Und als dessen Vater stirbt, hat sie ausgesorgt. So jedenfalls sieht es Edmond de Goncourt. In seinem Tagebuch heißt es unter dem 9. Januar 1871:

»Flaubert berichtete mir von dem unerwarteten Reichtum der Präsidentin (Madame Sabatier, die Frau mit dem kleinen Hund, von der die Ricard ein so schönes Porträt gemacht hat). Sie hat zwei Tage vor dem Fall von Paris von Richard Wallace eine Rente von 50 000 Francs vermacht bekommen, der mit ihr vor vielen Jahren geschlafen und ihr versprochen hat: ›Wart nur ab, wenn ich einmal reich werde, werde ich an Dich denken!‹«

Diese großzügige Zuwendung erlaubt es Madame Sabatier wieder, ein Leben im Wohlstand zu führen. 1871 zieht sie aus ihrem bescheidenen Appartement in eine große Wohnung (13, Avenue de l'Impératrice), mit Stall für drei Pferde und einem Einstellraum für zwei Kutschen. Drei Domestiken nehmen ihr die Arbeit ab (ein Zimmermädchen, eine Köchin, ein Kutscher).

Gern würde sie die sonntäglichen Diners wieder aufnehmen, doch die Zeit ist weiter gegangen. Ihre Freunde sind in die Jahre gekommen, Baudelaire ist tot, zur neuen Künstlergeneration hat sie keinen Kontakt. So bleiben ihr als Haupt-

Madame Sabatier (um 1875)

beschäftigung die Spazierfahrten mit der Kutsche im Bois und das Theater.

1874 bezieht sie wieder einmal ein neues Domizil, eine 6-Zimmer-Wohnung (168, Avenue d'Eylau), mit Unterkunft für Dienstboten. Zu dieser Zeit etwa lernt sie Edmond Richard kennen...

Epilog 1

Als A. Augustin-Thierry Madame Sabatier im Jahre 1880 besucht, trifft er auf eine Sechzigjährige, die »trotz meiner Illusionen ihre Schönheit nicht bewahrt hatte. Nur der Marmor hatte ihre Reize erhalten, deren göttliche Form und Ausstrahlung die Dichter betörte und sie davon träumen ließ, diese mit einer Tunika aus Küssen zu bedecken. Die Haut jener, die keine Falten kannte, war nun welk, ihr Haar grau. Obwohl dick geworden, war ihre Haltung aber immer noch majestätisch. Ihre regelmäßigen Züge waren etwas aufgedunsen, und um ihren ehemals schalkhaften Mund lag ein bitterer Ton. Ihr früher heller Teint hatte sich rötlich gefärbt, die Haut war mit Couperoseflecken übersät. Allein ihre schmalen, mit Türkisringen besetzten Hände hatten sich wie durch ein Wunder ihre Zartheit bewahrt, und ihre Augen, ihre tiefen, dunklen, goldglänzenden Augen, gaben dem verwelkten Gesicht einen jugendlichen Ausdruck. *La très-belle,* die es längst nicht mehr war, aber hatte es immerhin verstanden, *la très-bonne* zu bleiben.«

Epilog 2

Der Vicomte Spoelberch de Lovenjoul, ein Sammler literarischer Zeugnisse besucht sie ebenfalls und äußert den Wunsch, die an sie geschriebenen Briefe einsehen zu dürfen. »Die Präsidentin hat diesem Wunsch gern entsprochen«, berichtet Max Deauville am 16. Dezember 1907 im *Mercure de France*, »allerdings unter der Bedingung, daß die Autographen bei ihr verblieben. – Und so saß der Vicomte de Spoelberch viele Abende in einem feierlichen Anzug – vielleicht unterstrich er aufgrund des Anlasses noch sein aristokratisches Aussehen – und lauschte den Briefen voll derber Ausdrücke, vulgärer Phantasien und Schilderungen zynischster Ausschweifungen und schlimmster Krankheiten. Ein kleiner Architekt, der damalige Liebhaber, las die Briefe vor; und die Präsidentin saß am selben Tisch und strickte im Schein der Lampe wie eine gute Mutter. Mit lächelnder Miene hörte sie den dantesken Beschwörungen zu, die viele Erinnerungen an verflossene Lieben an ihr vorbeiziehen ließen.«

Epilog 3

Aglaé-Joséphine Savatier, auch Aglaé-Apollonie Sabatier, stirbt am 3. Januar 1890 an einem infektuösen Fieber. Hatte bereits ihre Geburtsurkunde eine Unwahrheit verbürgt, trägt ihr Grabstein in Neuilly einen weiteren Irrtum in die Welt. »Apollonia 1890« steht dort, schwarz auf Marmor.

Théophile Gautier
Madame Sabatier
(Zeichnung)

I.

»Einen Zungenstreich auf Ihre Klitoris«

Théophile Gautiers *Präsidentin*

Théophile Gautier (1811–1872)
Photographie von Bertall (1867)

Liebe Präsidentin,

ich weiß zwar nicht, für wen Sie das Paket bestimmt hatten, das Sie Ernesta[1] schickten, doch gehören ihr diese Sachen ganz sicher nicht; außerdem haben Sie vergessen, das türkische Gewand der Ozy[2] hineinzutun.

Ich bitte Sie um Verzeihung, daß ich mir die Freiheit nehme, Sie auf diese kleine Nachlässigkeit hinzuweisen und küsse Ihnen ergebenst ihren großen Zeh.

Ganz der Ihre.[3]

[Sonntag, 4. Februar 1849]

Liebe Präsidentin,

ich bin verzweifelt. Ich muß heute abend zum Diner bei Ronconi[4], zu dem ich gestern eingeladen worden bin; Ernesta ist bei einem Konzert im Jardin d'Hiver, aber wenn es nicht zu kalt ist, werde ich sie zu Ihnen schicken und sie dann am Abend bei Ihnen wieder abholen, was mir die Möglichkeit bietet, Ihre unendlichen Reize zu betrachten. Warten Sie jedoch nicht länger als bis halb sieben auf uns. Ich

---

[1] Ernesta Grisi (1816–1895), Gautiers Lebensgefährtin.
[2] Alice Ozy (1820–1893), Schauspielerin, Geliebte von Gustave Doré, Paul de Saint-Victor, Gautier u. a. Über die Liebeskraft der beiden letzteren soll diese den Gebrüdern Goncourt gegenüber geäußert haben: »Das sind, müssen Sie wissen, Kopfmenschen.« (*Journal*, 28. Januar 1885)
[3] Nach den Herausgebern der *Correspondance générale* (Bd. 4) stammt dieser Brief aufgrund der Handschrift nicht von Théophile Gautier, sondern von dessen unehelichem Sohn Théophile.
[4] Giorgio Ronconi, italienischer Opernsänger und Direktor der Opéra Italien.

Théophile Gautier
Brief an die Präsidentin
(15. März 1849)

weiß nicht genau, wann die musikalische Darbietung vorbei ist.

Ganz der Ihre.

[28. Februar 1849]

Meine liebe Präsidentin,

anbei die Logenkarte für *Stabat*.[1] Die Aufführung findet um halb drei statt.

Tausend Grüße.

[Donnerstag, 15. März 1849]

Meine liebe Präsidentin,

es ist schon ziemlich lange her, daß ich Sie nicht mehr gesehen habe. Die Kälte hat mich aus dem Hôtel Pimodan[2] vertrieben. Ich würde mich sehr freuen, Sie heute abend bei den Italienern[3] begrüßen zu dürfen. Könnten Sie vielleicht Fernand und der Marquise[4] Bescheid geben, mit Ihnen und Ernesta wäre die Viererpartie komplett. Ich selbst benötige keinen Platz. Man spielt *La Somnambule*[5], und es debütiert ein Tenor, ein sehr schöner Mann, und eine Sopranistin[6], die

---

[1] *Stabat mater*, Oper von Giacchino Rossini, wurde am 28. Februar 1849 uraufgeführt.

[2] Hôtel Pimodan, 17, quai d'Anjou. Gautier wohnte nur kurze Zeit dort. Die Séancen des Club des Hachichins machten es berühmt.

[3] Gemeint ist die Opéra Italien.

[4] Wohl Fernand Boissard und seine damalige Geliebte, Adélina-Irma Sabatier, genannt Bébé, die Schwester von Apollonie Sabatier.

[5] Oper von Vincenzo Bellini.

[6] Der Tenor Flavio und die Sopranistin Madame Léon (Castellan?)

so anmaßend ist zu glauben, noch schöner zu sein als die Grisi. Das verspricht amüsant zu werden.

Wenn Sie die liebreizende Güte hätten, auf dem Weg herab von ihrem Hügel[1], Ernesta abzuholen, wäre ich Ihnen sehr verbunden. Ich gehe ins Varieté, um mir am frühen Abend das Stück von Gozlan[2] anzuschauen.

Ganz der Ihre.

Ich öffne meinen Brief noch einmal. Wollen Sie zum Faschingsball im Jardin d'Hiver? Ich habe eine Einladung für mich und eine Gattin.

[Samstag, 14. April 1849]

Liebreizende,

wenn Sie die Idee hatten, sich die Premiere von *Adrienne Lecouvreur*[3] anschauen zu wollen, worin Mademoiselle Rachel eine Prosarolle mimt, holen Sie uns ab, es ist in unserer kleinen Loge Nr. 11 noch ein Platz für Sie frei. Wir werden dann zusammen hingehen.

Der Ihre.

Ernesta läßt Sie herzlich grüßen.

---

[1] Madame Sabatier wohnte auf halber Höhe des Butte Montmartre.
[2] *La Goutte de Lait,* Vaudeville-Komödie von Léon Gozlan.
[3] Drama in 5 Akten von Eugène Scribe und Legouvé. Es wurde am 14. April 1849 in der Comédie Française uraufgeführt.

[Sonntag, 15. April 1849]

Meine liebe Präsidentin,

Wenn Sie sich für heute abend nichts vorgenommen haben, ich bin im Besitz zweier Karten für das Konzert zu Ehren von Berlioz. Um mir dieses musikalische Vergnügen durch Ihre Gegenwart noch zu versüßen, werde ich Sie abholen kommen.
Zu Ihren Füßen.

[8. Oktober 1849?]

Liebe Präsidentin,

ich komme, und Sie gehen. Verflixt! –
Ich habe eine gute Loge, um die Zélie[1], die ich verehre, tanzen zu sehen. Ich schicke Ihnen die Karten; reservieren Sie bitte einen Platz für die schreckliche Ernest[2].
Leben Sie wohl. Unterzeichnet von jenem, der Sie nie sieht.

[Dienstag, 8. Januar 1850]

Präsidentin,

ich danke Ihnen, daß Sie an mich gedacht haben, Ihnen die Möglichkeit zu verschaffen, sich etwas zu zerstreuen. Ich

---

[1] La Zélie ist die Tänzerin Carlotta Grisi, die ältere Schwester von Ernesta.
[2] So nennt Gautier Ernesta häufig in seinen Briefen.

schicke Ihnen einen Logenplatz für den *Barbier*[1], eine wohl eher heitere Musik, die Ihre Genesung beschleunigen wird.

Meine Erkältung ist nun beinahe abgeklungen, und ich kehre ins kulturelle Leben zurück, von dem mich mein schrecklicher Schnupfen beinahe vollständig ferngehalten hat. Ich habe es nicht gewagt, Ihnen in der Gestalt eines Père Ducantal[2] unter die Augen zu treten, doch hoffe ich bald, den Weg Ihrer Füße mit meiner Stirn pflastern zu können.

[Sonntag, 27. Januar 1850]

Liebe Lili,

Ernesta gibt heute abend ihr Debüt[3]. Hier sind ein Logenplatz und zwei Orchesterplätze.

[Anfang Februar 1850]

Meine liebe Präsidentin,

sei bitte so gut und gib das Gedicht mit dem Titel *La Robe rose*[4] dem Laufjungen mit; es ist für die Druckerei.
Von Herzen Dein.

---

[1] *Der Barbier von Sevilla* von Rossini.

[2] Figur aus dem Stück *Saltimbanques* von Dumersan und Varin.

[3] Ernesta Grisi debütierte in der Oper *La Donna del Lago* von Rossini. Aus einer Kritik: »Mademoiselle Grisi hat ihrer berühmten Familie alle Ehre gemacht; die Debütantin ist eine Sängerin der großen italienischen Schule. Mit Temperament und Können interpretiert sie diese schöne bedeutende Musik. [...] Das Publikum hat dem Namen und dem großen Talent von Mademoiselle Ernesta Grisi begeisterten Beifall gezollt.« (*Le Courrier français*, 4. Februar 1850)

[4] Entnommen aus Théophile Gautier: *Der Fächer*. Ausgewählte Gedichte. Nachdichtung von Kurt Erich Meurer. Heidelberg, Hermann Meister, 1955. S. 36

Ernest Meissonier
A l'ombre des bosquets chante un jeune poète
(Madame Sabatier steht am Baum)

A Une Robe Rose

Que tu me plais dans cette robe
Qui te déshabille si bien,
Faisant jaillir ta gorge en globe,
Montrant tout nu ton bras païen!

Frêle comme une aile d'abeille
Frais comme un cœur de rose-thé,
Son tissu, caresse vermeille,
Voltige autour de ta beauté.

De l'epiderme sur la soie
Glissent des frissons argentés
Et l'étoffe à la chair renvoie
Ses éclairs roses reflétés.

D'où te vient cette robe étrange
Qui semble faite de ta chair,
Trame vivante qui mélange
Avec ta peau son rose clair?

Est-ce à la rougeur de l'aurore,
A la coquille de Vénus,
Au bouton de sein près d'éclore,
Que sont pris ces tons inconnus?

Ou bien l'étoffe est-elle teinte
Dans les roses de ta pudeur?
Non; vingt fois modelée et peinte,
Ta forme connait sa splendeur.

Wie diese schönste aller Roben
dich doch entkleidet weich und warm,
die deine Brust herausgehoben
und deinen heidnisch nackten Arm!

So zart wie Bienenflügelseide
und wie ein Rosenblatt so frisch
schmiegt purpurn sich die Augenweide
um deine Schönheit zauberisch.

Von deiner Haut auf das Gewebe
ein leiser Silberschauer haucht,
indes der Stoff, als ob er lebe,
dein Fleisch in seine Lichter taucht.

Woher ist dies Gewand gekommen,
das ganz mit deinem Leib vereint
und, wie aus deinem Fleisch entnommen,
so seltsam fremd an dir erscheint?

Ist es gewirkt aus Morgenröte,
zeigt es der Venusmuschel Pracht,
daß es das Herz in süße Nöte
verstrickt mit rätselvoller Macht?

Entnahm der Stoff die Feuerfarben
den Rosen deiner Scham vielleicht?
Nein! Du, um welche Künstler warben,
kennst deinen Reiz, dem keiner gleicht.

Jetant le voile qui te pèse
Réalité que l'art rêva
Comme la princesse Borghèse,
Tu poserais pour Canova.

Et ces plis roses sous les lèvres
De mes désirs inapaisés.
Mettent au corps dont tu les sèvres
Une tunique de baisers.

O deine Nacktheit auserlesen
macht hohe Bildnerträume wahr!
Du wärst es herrlich wert gewesen,
daß dich Canova stellte dar.

Die Falten deines Kleides müssen
die Lippen meiner Wünsche sein:
In eine Tunika von Küssen
hüllt Wollust deinen Körper ein!

[Samstag, 23. März 1850]

Liebe Präsidentin

heute abend wird *Charlotte Corday*[1] aufgeführt. Ich habe die Loge Nr. 12, die Sie bereits kennen. Sie hat Platz für drei: die Präsidentin, Ernest und mich dahinter. Stürzen Sie sich von ihrem Berg herunter, und lesen Sie uns im Vorbeilaufen auf.

Ganz der Ihre.

[Mittwoch, 27. März 1850]

Liebe Präsidentin,

anbei eine Einladung des Prinzen und der Prinzessin Colibri[2] für Donnerstag, zwei Uhr. Ich werde Sie abholen, wenn Sie es erlauben. Für heute abend schicke ich Ihnen nichts mit: in der Opéra gibt man *Le Prophète*[3], in der Opéra Comique *Le Maçon*[4] im Théâtre Français *Charlotte Corday*. Halten Sie sich aber den Samstag für die Premiere von *Urbain Grandier*[5] frei.

Ich werfe mich Ihnen zu Füßen.

---

[1] Tragödie in 5 Akten von François Ponsard.
[2] Prinz und Prinzessin Colibri waren Liliputaner, die im Jardin d'Hiver auftraten.
[3] Oper in 5 Akten von Scribe (Text) und Meyerbeer (Musik).
[4] Komische Oper in 3 Akten von Scribe / Méhul.
[5] Theaterstück von Alexandre Dumas.

[Donnerstag, 28. März 1850]

Liebe Lili,

da ich mich auf die Zeitungen und die Handzettel verlassen
habe, mache ich seit heute morgen nichts als Blödsinn. Die
Liliputaner treten heute nicht auf. Und in der Annahme, daß
Monck[1] heute auch nicht gegeben würde (ich habe fünf
Zettel, die ein anderes Theaterstück ankündigen), habe ich
Dir eine Loge bei den Italienern besorgt.

Ein Jettator beobachtet mich, und so ist es mir nicht möglich, Dir ungestörte Vergnügungen zu verschaffen. Mein
Schweiß rinnt die Straßen entlang. Bedaure mich.

[Samstag, 30. März 1850]

Präsidentin,

heute abend gibt es *Urbain Grandier.* Wenn Du bei uns zu
Hause zu Abend essen möchtest, wir haben so ungefähr alles
dafür da.

Menü
Reissuppe
Brathuhn
Kartoffeln à la Maître d'Hôtel
Brioches, Tee usw.

---

[1] Historische Komödie von Wailly.

Cham
Karikatur zur Femme piquée par un serpent
(1847)

Komm früh: so um fünf Uhr. La Ernesta ist aus Vincennes zurück und wird Dir Gesellschaft leisten. Mich wirst Du im hinteren Teil als Lakai oder unter dem Wagen als Hund finden.

Gib mir einen Tropfen Deines Schweißes für meine Räucherpfanne.

Leb wohl; bis nachher.

[7. April 1850]

Meine liebe Präsidentin,

wie steht es mit ihrem werten Befinden? Ich bin etwas beunruhigt, da ich Sie nicht im *Sélam*[1] gesehen habe. Ich hoffe, es geht Ihnen nun besser. Ich habe einen stärkeren Schnupfen als Ducantal und fühle mich dümmer als eine Schar Gänse. Daher werde ich mit meinem Feuil[leton] wohl auch erst zu sehr ungehöriger Stunde fertig sein. Warten Sie also nicht mit der wöchentlichen (lesen Sie nicht: Dromedar[2]), sonntäglichen Nahrungsaufnahme auf uns.

Ich küsse Ihre Fessel und Ihre Achselhöhle.

Ganz der Ihre.

---

[1] *Le Sélam*, Szenen aus dem Orient, Symphonie in 5 Bildern, Musik von Ernest Reyer, Text von Gautier.
[2] Ins Deutsche nicht übertragbares Wortspiel: hebdomadaire – wöchentlich und dromadaire – Dromedar.

[17. April 1850]

Meine liebe Präsidentin,

Le Sélam wird zum zweiten Mal aufgeführt. Anbei die Karten für eine Loge, ich hoffe, Sie schätzen die Musik Ihrer Schönheit. Wenn Sie unglücklicherweise nicht kommen können, schicken Sie die Karten bitte zurück, ich werde dann damit einige vom Schicksal Vernachlässigte beglücken. Doch verschandeln Sie die Feierlichkeit nicht mit dem Loch Ihrer Abwesenheit.

[Juni 1850]

Liebe Lili,

La Ernesta (die riesige Pute[1]) hat das dringende Bedürfnis, heute noch ihren Musiklehrer zu sehen. Schicken Sie ihn bitte auf der Stelle her, notfalls mit Gewalt. Ich lege zwei Karten für das Konzert der Negerin[2] bei. Es findet um halb neun statt. Das Programm ist ziemlich vielversprechend. Da es sehr heiß ist, machen Sie mir doch bitte das Vergnügen, mir eine Schweißperle zum Auffädeln zu verehren und senden Sie mir den Duft Ihrer Achselhöhle für meine Räucherpfanne.

---

[1] Gautier nannte Ernesta Grisi oft La Dinde – Die Pute, bisweilen auch La Dinde énorme – wegen ihrer fülligen Formen.
[2] Maria Martinez, die man › La Malibran noire ‹ nannte.

Reyer leckt Deine Füße. Er diniert nicht beim Präsidenten, und wir werden ihn Dir ganz gebeutelt vorbeibringen. Das Elysée wird ihn entbehren können.

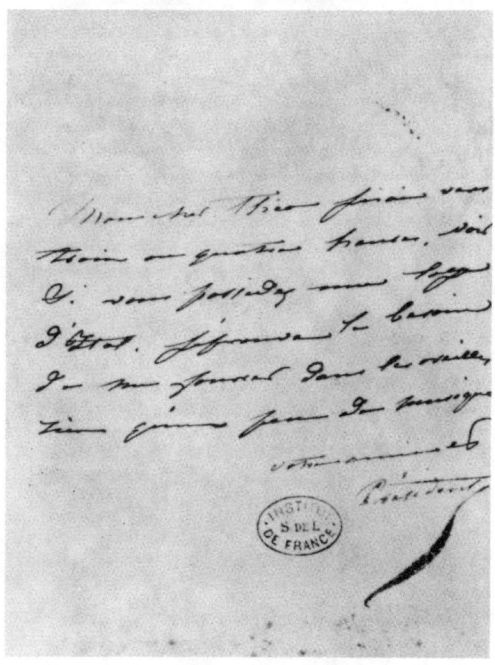

Madame Sabatier
Brief an Théophile Gautier (1850?)

Obscenia – Lettre à la Presidente
(Frontispiz zur Ausgabe 1907)

Théophile Gautier

Brief an die Präsidentin[1]
Reise in Italien – 1850

Rom, 19. Oktober 1850

Präsidentin meines Herzens,

dieser unflätige Brief, dazu bestimmt, die sonntäglichen Sauereien zu ersetzen, hat lang auf sich warten lassen; aber das
ist die Schuld des Unrats und nicht die des Autors.

Die Schamhaftigkeit regiert in diesen feierlichen, aber antiken Gegenden, und ich bedaure es außerordentlich, daß
ich Ihnen nur dreckige und wenig spermatische Schweinereien übermitteln kann. Ich will nach meiner Reiseroute
vorgehen:

In *Genf* empfiehlt Ihnen die Regierung an der Stadtpforte,
die Ansicht von *sechs Hinterteilen*[2]; das ist doch viel in
einer protestantischen Stadt, wo sich die Weiber, um die Ka-

---

[1] Der hier abgedruckten Übersetzung liegt die von Willy Heine 1906
veröffentlichte Übertragung zugrunde. Diese wurde jedoch gründlich
überarbeitet, vervollständigt und durch weitere Fußnoten ergänzt.
[2] Wortspiel mit ci-derrière – dahinter/hinten und dem gleichlauten-
den six-derrières – sechs Hintern.

tholiken zu demütigen und ihnen zu zeigen, daß sie nur gott-
lose Sinnesmenschen sind, den Arsch und die Titten mit
dem Schlichthobel der Sittsamkeit nach amerikanischer Me-
thode abhobeln.

Wir haben alle Anstrengungen gemacht, um die von der
Behörde vorgeschriebenen zwölf Arschbacken zu sehen,
aber wir haben, auf einem gespannten Seil, nicht mehr als
vier zu Gesicht bekommen, die, durch einen gewölbten
Damm getrennt, unter den Röckchen zweier junger deut-
scher Seiltänzerinnen zwei pralle Hintern bildeten und bei
einem tête à tête nicht gerade unangenehm sein würden.

Da wir des Deutschen nicht mächtig sind, war es uns unmöglich, mit diesen Hintern Kontakt aufzunehmen[1], von
denen der eine Goethes Mignon wohlangestanden hätte,
eben weil er das nicht war: klein!![2]

O wie gerne, himmlischer Arsch, der mir zwischen vier
Ständern erschien, hätte ich dir zu Ehren einen der vierzehn
Überzieher entrollt, die L.s[3] ständige Unruhe bilden und
die er jeden Augenblick wechselt!

In der folgenden Nacht ließ mich Dom Jaquemart de Ban-
deliroide, ganz besessen von dem unter dem blauen Himmel
tanzenden weißen Arsch, träumen, ich wäre Brindeau vom
Théâtre Français, und würde mit der Gewandtheit eines
Stehaufmännchens, die für diesen quabbeligen Päderasten
typisch ist, die kleine, um den Leib an einem Seil befestigte
Tänzerin auf einem buchsbaumenen Schwanz in Empfang
nehmen. Doch es kam nicht zu der sumpfigen und geogra-
phischen Fehlgeburt, die aus einer solchen nächtlichen
Phantasmagorie entstehen müßte, denn der Schraubbohrer

---

[1] Wortspiel: prendre langue avec ces derrières – ins Gespräch kommen mit/mit der Zunge berühren.
[2] Wortspiel: mignon – niedlich, reizend, hier in der Bedeutung –
klein.
[3] Gemeint ist Louis de Cormenin (1826–1866). Er war Gautiers Reisebegleiter und arbeitete zeitweilig als sein Assistent für *La Presse*.

der Liebe durchdrang meinen Nabel mit solcher Gewalt, daß die Angst mich wach werden ließ, und mein Traum mich in das Flaschenbrett auf der Hobelbank eines Tischlers verwandelte. L. verspritzte schlaff einen dicken und gelben Samenschleim, und das Stubenmädchen hätte auf seinem Laken beim Betten machen Amerika entdecken können. So viel von *Genf*, dem Vaterland der Herren Crépin und Jabot, von denen die Regierung ihre Lebensart entlehnt hat. Ansonsten sieht man keinen Schwanz an den Mauern; sie sind zweifellos in den Votzen der Weiber, wenn man die Bezeichnung Votze überhaupt für die Uhrmachermaschinen verwenden kann, die die Protestantinnen unter einem mageren Haarbüschel, aus dem der Weißfluß einen Pinsel macht, zwischen ihren fleischlosen Schenkeln mit sich herumschleppen.

In *Wallis* begegneten wir meiner Chimäre, das heißt dem Weib mit den drei Titten; aber die dritte war ein Kropf, und dabei die einzig harte. Ich habe nicht versucht, diese schweizerische Isis zu fragen, ob sie ihre Votze querüber trüge, eine chinesische Phantasie, die mich verlockt. In der Herberge am *Simplon*, auf deren Tapete Engländer in China dargestellt sind, wie in einem Roman von Méry[1], drang ein geflügelter und monströser Papillon der Lady Bentinck in den Mund, worauf sie ausrief: »Very delicious!« Die Gebirgspässe sehen aus wie spritzende männliche Glieder, die Straßen bilden die Hoden, die Pässe den Schweif, und der Rauch stellt den ejakulierten Schaum dar. Diese priapischen Schönheiten sind wahrhaft des geilen Pinsels der jungen französischen Farbenkleckser würdig.

In *Domo d'Ossola* bieten die Aborte, die aufzusuchen und an denen unsere Trankopfer darzubringen uns eine fünfzehnstündige Fahrt zur frommen Pflicht machte, einen bezaubernden und feenhaften Anblick. Sie waren mit Fresken bemalt, und stellten Rosenbüsche dar, die, wie blonde Arschlöcher, in der Mitte der Blüten einen Stich ins Purpurne auf-

---

[1] Joseph Méry (1798–1866), französischer Schriftsteller.

wiesen. Es ist sehr angenehm, sich mit Blick auf diese blühenden After, beziehungsweise diese Afterblüten niederzuhocken, die ihre Blütenblätter aufblühen lassen wie die Falten des Schließmuskels, bereit, einen Schweif zu verschlucken oder einen Kothaufen auszuspeien.

Eine Sache aber versetzte mich in große Verwirrung. Es war dies eine kleine, auf einem Brettchen stehende Ölflasche mit einer eingetauchten Feder. Ich fragte den Kellner, wozu dieses Öl und diese Feder gebraucht würden. Er geriet in Verwirrung, errötete, stotterte und lief davon. Ich hatte mir erst gedacht, es würde dazu verwendet, die drekkigen Verrichtungen der mit Hämorrhoiden bestückten After, die über Rattier und Guibal reisen, zu erleichtern. Aber es scheint, dieses Öl diente dazu, den Hintern dieses hübschen Kellnerjungen schlüpfrig zu machen, ein Vergnügen, das von den Engländern, die nach Italien kommen, sehr begehrt ist; denn hier können sie ihren päderastischen Neigungen, die auf ihrer liebenswürdigen Insel mit dem Strick bestraft werden, huldigen. Eine rührende Aufmerksamkeit von der Regierung, auf diese Weise den Engländerinnen, die sonst nicht mehr gevögelt würden, einige altersgebrechliche Stöße zu verschaffen. Stellen Sie sich vor, o Präsidentin, wie in dieser mit Rosen verzierten Latrine, diesem profanen Ort für Rendezvous', ein Lord mit ernsthafter Miene die Feder in den schlecht abgewischten, aber engen Arsch dieses jungen Bluffers steckt: Lord Brougham oder Lord Palmerston oder irgendeine andere verehrungswürdige Persönlichkeit, mit mandelfarbener Gesichtsfarbe, weißem Backenbart und weißen Augenbrauen.

Am Abend führte man für uns ein Marionettentheater auf. Der Mann und die Frau, alle beide noch sehr jung und kurz verheiratet, liehen den kleinen Darstellern ihre Stimme. Die Frau, mit einer Klitoris ausgestattet, die ihr wie ein Degenknauf oder ein steifer Schweif das Kleid in die Höhe hob, besaß ein Posaunenorgan, einen haarigen Alt wie die

Crapobiska[1], also ganz im Stil von Ernesta, und der Mann eine Flötenstimme wie Abälard nach dem Eingriff. Das hinderte ihn aber nicht, während der Monologe der einem harten Schicksal und verzweifelter Liebe ausgelieferten Helden und Prinzessinnen sein Weibchen zu vögeln und aufzugeilen – ein Zwischenspiel, das den Vorhang erzittern machte, die Knie der Frau durch die Dekoration drückte und die Beine der Marionetten im Augenblick der Verzückung schlapp herunterhängen ließ.

In *Sesto Calende* habe ich arme Hennen gesehen, die so häufig von den viel zu zahlreichen Hähnen besprungen wurden, daß ihre Rücken ganz entfedert waren, ihr Steiß bloßlag, und die sich selbst dem Bratspieß auslieferten, um ihrem Martyrium zu entgehen. Denn, o Präsidentin, wenn du nur mal erst zweiundzwanzigmal in der Minute bestiegen würdest, und dies von drei Uhr morgens bis acht Uhr abends, würdest vielleicht sogar Du dies für zu viel erachten. Allerdings denken die Frauen darüber wohl anders als die Hennen. Diese trugen übrigens nur eine einzige Feder am Steiß und zwar zur Bequemlichkeit der jungen Lustknaben der Herberge, die, sobald sie das Herannahen eines englischen Reisewagens hörten, die Feder ausrissen und in die für alle Fälle vorbereitete Ölflasche tunkten.

In *Mailand* bestiegen wir die oberste Spitze des Turmes der Kathedrale, einen schneeigen Schwanz, der in den Himmel stößt. An den Treppenwänden sind die seltsamsten und verschiedenartigsten, zur Reinlichkeit mahnenden Inschriften angebracht. Der Italiener ist von Natur aus so ein Schwein, daß er sich, egal wo er sich befindet, entleert, weshalb die Abortreiniger Hungers sterben müssen in diesem Reich, das mit seinem Stiefel Sizilien einen Tritt in den Arsch gibt.

---

[1] Ernesta Grisi wurde von ihren Bekannten aufgrund eines Versprechers Crapaud bisquant genannt.

Ich habe einige dieser Inschriften gesammelt:

Behalt' in deiner Häuslichkeit
Den Überfluß an Flüssigkeit.

Leute, die aus gutem Haus
Pissen auf dem Platz sich aus.

Wenn ein Bedürfnis du verspürst,
Acht', daß dies Eck du nicht beschmierst.

Diese schwache Kostprobe möge für Euer Verständnis genügen; dergleichen Schilder finden sich bis zur Höhe von 512 Fuß über dem Meeresspiegel, nicht aber über der Scheiße[1], denn man findet davon selbst auf den höchsten Turmspitzen Proben, die keineswegs von den Schwalben stammen, sondern von den Menschen. GRIECHISCH, wie Aristophanes in seinem großen Disput zwischen der Gerechtigkeit und der Ungerechtigkeit sagt. (Dieser Grieche – falls nicht gerade Ferdinand[2] da ist, um es Euch zu erklären – will damit gar nichts Unanständiges sagen, sondern meint bloß Menschen mit sehr großen Arschlöchern ... bitte, geilt Eure Einbildungskraft also nicht daran auf.)

In ebendemselben Mailand fanden wir beim Rathaus an jenem verschwiegenen Ort, der die irreführende Bezeichnung Garten trägt – wohl aufgrund eines Euphemismusses des guten Geschmacks, der › einen pflanzen ‹ für scheißen setzt – ein in zwei Stücke zerrissenes Sonett, eine Lobeshymne auf Sofia Cruvelli[3], die berühmte, wenn auch vollständig unbekannte Sängerin.

---

[1] Das Wortspiel mit mer und merde läßt sich im Deutschen nicht wiedergeben.
[2] Es dürfte der Maler Fernand Boissard gemeint sein.
[3] Jeanna Sophie Charlotte Cruwell (genannt Sophia Cruvelli) wurde 1826 in Bielefeld geboren.

Wer mochte nun eine so große Anzahl von Exemplaren dieser kostbaren Poesie besitzen, um sich damit den Arsch zu wischen, wenn nicht die Diva selbst? Das Sonett war so tiefsinnig wie ein papierner Schlafrock, aber was es ganz unschätzbar machte, war ein rötlich-goldener Fleck, sehr üppig, sehr warm, der an die Erde von Siena und die Erd- und Hautfarben der Tizianischen Schule erinnerte. Feigenkerne befanden sich nicht auf diesem herrlichen Fetzen, aber ein blauschwarzes, sehr starkes, gekraustes Haar, das meine Einbildungskraft geradezu erektil bis zu den gelockten Höhen des Venusberges, bis zu der Haarsonne, die unter den Seufzern eines melancholischen Bauches rings um die mystische Rose erstrahlt, emporbäumen ließ. Ich beneidete das Schicksal dieses Papiers, das über den fahlroten Arschbackenspalt hingleiten, den Mastdarm berühren, die schokoladefarbigen Lippen streifen und die wie eine Venusmuschel geformte Klitoris kitzeln durfte; und indem ich meine Vorhaut wie einen alten Schlappen in die Länge ziehe, spinne ich mit dem Schleim, durchsichtig wie Kristallhaar, folgenden Vierzeiler:

Glücklicher Garten, den sie beackert hat!
Glücklicher Lokus, auf dem sie gehockt hat!
Glückliches Papier, das sie befleckt hat!
Glückliches Sonett, das sie abgewischt hat!

In Mailand badet man mit den Frauen zusammen, in Badewannen aus weißem Marmor. Wir hatten zwar Badewannen, aber keine Weiber und haben uns nicht entblödet, uns in der Stille der Badestube die Eichel zu waschen, ohne daß wir eigentlich zu dieser Reinlichkeitspflege durch das Eindringen von Schleim und Käse Veranlassung gehabt hätten.

Aber es scheint, daß die Bäder als Absteigequartiere dienen, und man hier rasch ein Arschhäppchen genießen kann, wie in Frankreich während der Restauration. Die Badewanne ist zugleich Sofa und Bidet, und das Glied erfüllt sowohl die Rolle des Godemiché als auch der Injektionsspritze. Doch spritzte der Strahl unglückseligerweise nicht ununterbrochen.

Von *Mailand* bis *Venedig* habe ich nichts Priapisches zu melden außer einer schrecklichen Erektion, die durch das masturbatorische Rütteln einer schlecht gefederten Kutsche hervorgerufen wurde, deren Kissen mich zwischen den Schenkeln verderblich aufgeilten. Stellt Euch ein Markbein, ein Hirschhorn, kurz irgendetwas schrecklich Hartes vor. Man hätte ihn für einen vorsintflutlichen, in einer Stalaktitengrotte versteinerten Schwanz halten können, für einen bronzenen Phallus, der von den Leisten des Gottes von Lampsakus abgefallen war, für einen indischen Lingam, der die mysteriöse Vereinigung mit der heiligen Joni vollziehen will, für ein Fruchtbarkeitssymbol der eleusinischen Prozessionen, eine napoleonische Säule, die auf dem Place Vendôme meines Schamberges aufgerichtet wurde, ein Pult, auf dem das Evangelium der Liebe bei einer Venusmesse gelesen wird.

Ach, wie willkommen wäre mir in dieser überaus harten Situation eine Hand gewesen, die in den Schlitz meiner fast durchstoßenen Hose geglitten wäre und sich, wie eine ideale Votze, um diesen Fleischpfahl gerundet hätte!

Daß mir doch eine Zunge mit ihrem schlüpfrigen Speichel das Vorhautbändchen, das die Klitoris des Mannes ist, versilbert hätte und mich zur Decke des Wagens einen Strahl spermatischer Sauce hätte schleudern lassen!

Warum tat kein kugelförmiger, weißer Popo seine runden, frischen und elastischen Schenkel auseinander, warum öffnete er nicht das Zentrum der Wonnen, das karminrote Paradies, den Nußknacker dem Meister Jean Chouart, diesem Ständer des Hosenschlitzes, diesem Stößel des Gefäßes der Liebe? Es wäre ein stolzes Eiergeläute gewesen, ein kräftiges Gebimmel aller möglichen Dinge.

Nach neun Wegstunden und dreimaligem Wechsel der Postillione[1] (nicht in den Arsch), wurde er mir endlich schlapp, und ich verbrachte die Zeit von Mittag bis sechs Uhr ohne den Beistand des Gewehrs des heiligen Carpion.[2] Meine beruhigte und von den in meinem Hirn herumwirbelnden Trugbildern von Hintern, Haaren und Votzen befreite Phantasie, kehrte zur Wahrnehmung der Wirklichkeit zurück. Ich bemerkte, daß ich mich nicht im Gewölke eines priapischen Himmels, sondern in einer schrecklichen Staubwolke befand, worauf ich folgenden Vierzeiler machte:

Als seiner Körner unausweichlicher Raub
Triefen unsere Augenlider,
Und in die Augen seinen Staub
Treibt dieser Wind uns immer wieder.

Nun aber unsere Abenteuer in *Venedig:* Als wir Schmuckstücke in einem Laden betrachteten, sahen wir ein hübsches Mädchen im Hemd, nur mit einem Schal bekleidet, dessen Spitze ihr den Popo küßte. Keine Strümpfe, keine Pantoffeln an den Füßen, die Brüste bloß und Augen, die ihr im Kopfe tanzten, einen Mund, der wie ein Haifisch drei Reihen Zähne zu haben schien, und im Nacken einen Haarknoten wie aus Strohseilen geflochten und wie Ankerketten auf dem Oberdeck eines Dreideckers zusammengerollt. Sie stritt sich lautstark mit dem Ladenbesitzer wegen eines Goldrings im Wert von drei oder vier Zwanzigern, schimpfte ihn einen Hund, den Sohn einer verfluchten Kuh, Schuft, Auswurf einer Hure, einen Spitzel, Galeerensträfling und Deutschen, was die größte Beleidigung unter allen war. Sie fluchte und schwor beim Leibe des Bacchus und dem Blute der Diana – kurz, sie war vollkommen außer sich und überaus reizend.

---

[1] Wortspiel mit der Doppelbedeutung von postillon – Postillion und Speicheltropfen. Gemeint: dreimalige Ejakulation.
[2] Gemeint: ohne zu wichsen.

Wir kauften ihr den Ring ab und luden sie unter dem Vorwand ein Porträt von ihr malen zu wollen, in unser Haus ein.
Sie kam zwei oder drei Tage später, und ich machte ihr ein
Pastellbildchen, das sie mitnahm. Die Bekanntschaft war gemacht, aber wir waren zwei gegen eine, was beinahe genauso
feige ist wie fünf gegen einen bei der Witwe Poignet. Wir
spielten das Mädchen um › Kopf oder Adler ‹ aus: L. gewann
und war folglich glücklich.

Sehen Sie hier sein Glück, von ihm selbst im Stil der Göt-
ter beschrieben.

. . . .
. . . .
. . . .
. . . .[1]

Ich füge bloß folgende Einzelheit hinzu, die auf eine zweifelhafte Jungfräulichkeit hinzudeuten scheint: während der
Schäferstunde, in jenem erhabenen Augenblick, als das junge
Paar sich anschickte, mit ihren Nabeln anzustoßen, befeuch-
tete die junge Braut sich die Finger im Mund, steckte sie in
die unterirdische Ritze, um die großen Lippen schlüpfrig zu
machen, die kleinen Schamlippen einzuseifen, die wurmför-
migen Wandungen zu präparieren und dem Schwanz meines
Freundes den triumphierenden Einzug zu erleichtern. Ich
selbst spielte in dieser melancholisch-amourösen Szene die
Rolle des antiken Cubicularium-Sklaven, indem ich mit der
einen Hand den Leuchter, mit der anderen meinen Schwanz
hielt.

Doch das junge Kind brachte, gerührt von meinem Schicksal, beim zweiten Besuch eine Freundin mit, ein achtzehn-
jähriges Mädchen, › wie ein altes Rind ‹, rotblond, mit regelmäßigen Zügen, einem sanften und traurigen Gesichtsausdruck, ziemlich hübsch alles in allem, bis auf die unregelmä-

---

[1] Die folgenden vier Gedichtzeilen fehlen auch im Manuskript.

ßigen Zähne, die zu englisch waren für eine Venezianerin, die aus Turin stammte. Während ich nun bei ihr die Rolle des Herrn Schenkelbesteiger, des politischen Kandidaten und Nebenbuhlers von Herrn Kneifmirdiebacken spielte, das heißt, während meine Hände, wie Krabbenscheren und Spinnenfüße, in das Café zu den zwei Säulen vordrangen, in dem sich hinten die Schenke zum Schanzengräber befindet, erzählte mir diese Schönheit ihre Geschichte, die jedoch derjenigen Julias nicht ähnlich war. Sie war Statist-Tänzerin im Fenice-Theater, aber das Bombardement hatte eine Schließung des Theaters zur Folge und beendigte ihre tänzerische Karriere. Da sie nun ihren Popo nicht mehr öffentlich zeigen konnte, zeigte sie ihn jetzt privat her. Ihre ziemlich kleine Möse war mit kurzen, geraden und wie bei Filz oder dem Fell auf einem Hundehals zusammengedrückten Haaren besetzt. Ich ließ sie die Titten aus dem Korsett, von dem einige Bänder zerrissen waren, herausnehmen. Sie waren groß, ziemlich fest, sehr weiß und von blauen Äderchen durchzogen. Es krönte sie eine rosige Warze, die von einem großen Hof in der Farbe von Hortensien umgeben war. Die Milch, die sie blähte, gab ihnen das Aussehen von Rubens'schen Brüsten, die Boissard entzückt hätten und mir auch nicht mißfielen.

Ich vergaß zu sagen, daß das arme Geschöpf schon ein wenig schwanger war, mit der Ausrede, daß die österreichische Armee sich nie zurückzieht ... wenn sie vögelt, und die Ungarn nicht kastriert sind, obwohl nach Gérard[1] *hongrais* wie *français*[2] auszusprechen ist.

Wie ich so den Popo und die Möse der ehrbaren Mutter betatsche, hüpfte der in dem kleinen, kürbisförmigen Bauch der Extänzerin eingeschlossene Fötus, der wußte, was das zu bedeuten hatte, und der an ähnliche Vorspiele gewöhnt war,

---

[1] Gemeint ist Gérard de Nerval.
[2] Unübersetzbares Wortspiel mit hongré – kastriert und hongrais – ungarisch.

unter seiner weißen Decke wie eine Kröte unter einem Blatt, und zog sich in die Tiefe der Gebärmutter zurück, um den Schwanzstößen auszuweichen. Geradeso wie eine mit einem Stock verfolgte Katze sich unter das Bett flüchtet, sich an die Mauer schmiegt und sich jämmerlich zusammenrollt. Sein Kopf bildete eine kleine Beule an der mütterlichen Flanke. Ich fragte mich, ob ich an diesem von einer österreichischen Spritze injizierten Fötus herumstöbern sollte. Wäre ich sicher gewesen, daß es ein Mädchen ist, hätte ich bereitwilligst ihre Jungfernschaft in der Möse der Mama gepflückt; aber ich hatte, da ich in Italien war, Furcht, es könnte ein kleiner Päderast sein, ein embryonärer Schandknabe, ein frühreifer Strichjunge, ein vorzeitiger Buserant, der mir schon vor seiner Reife seinen Arsch hinhielt und mich durch die mütterliche Vagina in seinen After leiten würde. Auch ist es nötig zu erwähnen, daß sich die dreizehn Überzieher in L.s Tasche befanden, der vierzehnte hingegen auf seinem kaiserlichen und triumphierenden Glied. Vage Visionen von Gelatinekapseln und Erdbeerwurzeln tanzten vor meinen Augen, und zartfühlend legte ich die Hände der jungen Person um das, von dem sie glaubte, ich würde es ihr in den Hintern tun. Mein Zeigefinger oder eigentlich mehr mein Ringfinger schob sich, gut mit Speichel befeuchtet, zwischen die Lippen ihres Geschlechts, und etwas wollüstiges Reiben der kleinen Blättchen der Klitoris entwickelte bald dieses interessante Organ.

Diese junge Schülerin der Terpsychore, die mit den Händen ebenso geschickt war wie mit den Beinen, schob zuerst mit langsamen, dann mit immer schneller werdenden Bewegungen meine Vorhaut von hinten nach vorn, dann von vorn nach hinten, in einem Rhythmus, der einer Arie aus Giselle ähnlich war. Diese Übung brachte, nachdem sie eine Zeitlang wiederholt worden war, bei ihr ein klares Wasser, einen durchsichtigen und weißlichen Schaum zum Vorschein und bei mir einen dicken, glitschigen Samen, voll von Klümpchen, der in ihrer hohlen Hand das Aussehen eines ausgeleerten Apfelmustopfes aus Rouen hatte. Ungefähr zur selben Zeit zog sich auch der Kerl L. aus seinem jämmerlichen Loch zurück und zeigte dabei eine hochzufriedene Miene. Er war mächtig stolz und aufgekratzt, den Kamm geschwollen wie ein Hahn, der von einer Henne herabsteigt, die er eben begattet hat. Vicenza (das war der Name seiner Schönen) ließ mit der gleichgültigsten Miene von der Welt ihr Kleid über ihren Arsch hinabbauschen. – So also vollzogen sich unsere Liebesspiele in Venedig. L. verbrauchte noch einen Überzieher mit der schönen Vicenza, was die Zahl dieser neutralisierenden Därme auf ein Dutzend herabminderte.

Einige Tage zuvor hatten wir auf dem Markusplatz einen Kuppler getroffen, der uns Präservative aus Goldschlägerhäutchen anbot, worauf wir ihm antworteten, daß wir selbst Händler in Schafdärmen wären und daß man mit uns über die mindeste Votze besser ins Geschäft kommen würde. Der schmierige Kerl versprach uns, am Abend für unsere Schwänze Etuis und für unsere Überzieher Gefäße zu finden, das heißt ideale Huren von zauberhaftem Aussehen, wie aus Bildern von Paul Veronese und Tizian herausgeschnittene Gestalten zu mäßigsten Preisen. Am Abend machte er sich mit einer geschäftigen und geheimnisvollen Miene auf den Weg, und wir folgten ihm diskret. Er drang in ein Labyrinth unentwirrbarer Gäßchen ein, in eine endlose Kette verschiedenster Mördergruben. Wir beschleunigten unsere Schritte, und es begann kreuz und quer durch die zwei Fuß breiten venetianischen Gassen ein wilder Lauf, gleich dem der türkischen Patrouille[1] von Decamps. Die Schöße unserer Paletots flatterten im Wind, und unsere Mützen schoben sich durch die Geschwindigkeit des Laufens nach hinten. Unsere Schatten hatten Mühe, uns auf den Mauern zu folgen und zeichneten hinter uns die drolligsten Silhouetten der Welt.

---

[1] *Patrouille turque*, berühmtes Gemälde von Alexandre Gabriel Decamps.

Nie sind Zebecks in solcher Eile hinter ihrem Pascha hergelaufen. Aufgrund des Zustands, in dem wir uns befanden, ermüdete uns das sehr. Unsere Schwänze wuchsen über unsere Gürtel wie Yatagangriffe empor, und unsere Testikel spielten wie Zimbeln auf dem Boden unserer Hosen. Endlich führte uns der Kuppler in einen Hinterhof, wo sich ein elendes Hundeloch befand, geschmückt mit einer Puppe auf Matratzen, einer Carconte[1] erster Qualität in einem schwarzen, dekolletierten Kleid, die Haut anstatt mit Coldcream mit einer Speckschwarte eingerieben, verfickt, verbraucht, ausgelutscht, eine jammervolle, schlampige Hure, die außer den Beulenpestnarben, die sie sicher auf den Schamleisten aufwies, am Hals Skrofellöcher hatte. Als ich diese Margot sah, fuhr ich drei Schritte zurück und entschuldigte mich, daß wir zu zweit wären; worauf sie mir liebenswürdig antwortete, daß das überhaupt nichts ausmachen würde, denn wenn wir ihn beide zu gleicher Zeit geschickt hineinschieben würden, könnten wir sie, einer von vorn, der andere von hinten, zur gleichen Zeit gemeinsam vögeln. Dieses Arrangement gefiel uns jedoch nicht, und der Kerl ließ uns noch zwei oder drei Meilen in diesen unglaublichen Vierteln herumwandern. Er läutete an vielen Türen, wo die Leute herauskamen, um ihm Grobheiten zu sagen. Als er endlich begriff, daß wir wählerisch waren, wollte er uns in den Schoß der Familien einführen, und, auf gut Glück an die Türen der Häuser klopfend, frug er nach, ob sie ein gutgewilltes Mädchen hatten, das sich gegen Bargeld von zwei reichen, wenn auch schlecht angezogenen englischen Reisenden den Hintern wolle durchwichsen lassen. Durch einen ganz außerordentlichen Zufall waren an jenem Abend die Venezianerinnen alle tugendhaft oder, was das wahrscheinlichere ist, sie waren alle dabei zu vögeln und wollten ihre Liebhaber nicht aus der Votze lassen, um sich den Mutter-

---

[1] Die Carconte ist die Mätresse des Ganoven Caderousse in *Der Graf von Monte-Christo* des Alexandre Dumas.

mund von elenden Fremdlingen besudeln zu lassen. Wir begegneten auch einem jungen Maler, der es in vierzehn Tagen sechzig Mal getrieben hat, immer mit neuen Weibern, ohne sich den Schwanz in Pflanzenpapier einzuwickeln, der aber trotzdem noch immer nicht tropfte. Welch ein Wunder!

Unser Don Juanismus wurde durch diese unglaublich schnellen Eroberungen stark gedemütigt. Bei eben jenem Maler sahen wir einen sehr schönen Arsch und ein prachtvolles Vlies, deren Beschreibung ich Euch hiermit übersende.

. . . .
. . . .
. . . .
. . . .[1]

Man hätte sich mit ihr wohl verständigen können, aber einige Tage nachher erfuhren wir, daß sie nach *Padua* abgereist war, das heißt, daß die Regierung sie auf das Festland deportiert hatte, wohl in der Meinung, ihr Arsch sei zu nachgiebig und sie zu verrückt bei der Messe[2], um auf einer Insel zu bleiben. Auf gut Deutsch: sie hatte den Tripper.

Es gab da zwar noch die Wirtin unseres Gasthauses, eine ziemlich ansprechende junge Griechin, bis auf ihre gerade Nase, die etwas zu üppig in den Marmor geschnitten war. Sie befand sich jedoch gerade im Kindbett, und so unternehmungslustig wir auch waren, so konnten wir doch nicht einen Fötus durch Schwanzstöße in den Bauch seiner Mutter zurückbefördern. Und es ist nicht gerade ein lustiges Gefühl, wenn so ein Balg einen Luftsprung vom Sprungbrett der Eichel macht. Wir hatten zudem die Befürchtung, den Schweif an irgendeiner vergessenen Geburtszange aufzuschinden

---

[1] Auch diese vier Zeilen fehlen im Manuskript.
[2] Schüttelreim-Wortspiel, das sich nicht übersetzen läßt: »trop molle à la fesse ou trop folle à la messe«.

und in der gebärenden Vagina mit den herumhantierenden Händen der Hebamme zusammenzustoßen.

Ich will es Dir nicht verhehlen, Präsidentin, daß diese junge Wöchnerin uns für ungeschliffen und zimperlich zu halten schien, weil wir uns nicht in den Sturzbach ihres Wöchnerinnenflusses stürzten, unbekümmert um die Nachgeburt, den Mutterkuchen und die Eihäute. Obgleich sie kaum zweiundzwanzig Jahre zählte, hatte sie doch schon sechs Bälger aus ihrem behaarten Munde ausgekotzt. Die sechs Bastarde waren alle abgekratzt: die Kinder überleben hier in Venedig nicht; diese jungen krepierten Dinger werden Advokaten genannt, da man glaubt, sie würden ins Paradies eintreten und dort die Sache ihrer Eltern verfechten. Kaum eins von fünf oder sechs bleibt am Leben. Der Rest ist für den Erdkasten.

Padua ist von sehr schönen Mädchen bevölkert, die hierherkommen, um auf Veranlassung der medizinischen Fakultät eine Syphiliskur zu machen. Die Mahlzeiten setzen sich folgendermaßen zusammen: Quecksilber, Kopaivabalsam, Kubeben, Stechwinden, Höllenstein und andere Ingredienzien nach Charles Albert.[1] Man schneuzt sich mit Vorsicht, aus Angst, daß einem die Nase zwischen den Fingern hängen bleibt; es ist notwendig, mit Präservativen aus galvanisiertem Blech zu vögeln, damit man seiner Sache sicher sein kann. Im Wirtshaus zeigte man uns den Abort *Ezzelins*, des Tyrannen von Padua, der noch weit grausamer war als Angelo. Hier war es auch, wo Katharina sich in die Hosen schiß – eine Einzelheit, die der Feigling *Hugo* ausgelassen hat – während ihr Gatte und Thisbe ihr Totengräbergespräch führten.

In diesen Aborten muß man sich unter eine Stange hocken, die einem die Leisten zerschlägt, wenn man sich erhebt, oder sich auf diese Stange setzen, läuft dann aber Gefahr, in ein Dreckmeer zu stürzen. Katharinas Rakete, die sich sonnenförmig auf der Mauer ausbreitet, erkennt man

---

[1] Arzt in Paris, der vorgab, alle Opfer der Venus heilen zu können.

mit bloßem Auge sehr genau und mit bekleidetem noch besser.

In *Florenz* gibt es nur eine einzige Hure. Die wohnt bei einer ehrbaren Familie, bei einem Tapezierer. Man tritt ein, verlangt mit zweideutiger, lüsterner Miene einen Nachttisch, ein Bidet oder ein anderes Möbelstück dieser Art, und man wird sofort verstanden. Aber dieses arme Geschöpf ist so beschäftigt, daß man sich vierzehn Tage vorher einschreiben muß. Wenn sie sich waschen würde, legte sie den Arno trocken – aber das nähme zu viel Zeit in Anspruch. Jedem Kunden werden bloß sechs Bewegungen nach vorn und sechs nach hinten gewährt; diejenigen, die langsam arbeiten, zahlen das doppelte oder dreifache, je nach Dauer der Vögelei. Es gibt da zwar noch zwei sehr freche und provozierende Blumenmädchen, die ständig bereit zu sein scheinen, auf den Rücken zu fallen; aber die erste hat einmal bei einem Fick eine Syphilis erwischt, die sie nach Meinung der einen noch hat, von der sie nach der der andern kuriert ist, aber die sie nun scheuer gegen das Aufsitzen macht, wie ein aufgeschundenes Maultier. Die zweite ist die Geliebte eines Diebes, was ihr eine unüberwindliche Tugend verleiht. Was nun die anständigen Frauen betrifft, so ist es schwierig, sie zu bespringen, denn sie haben immer eine dicke männliche Pampe auf ihrem Venusberg. Der Gatte, der Liebhaber und der Bediente folgen nur mit kurzer Unterbrechung aufeinander. Man muß eine Ruhepause abwarten und sich am Rand der Votze bereithalten, seine Wurzel in der Hand, damit man sie im geeigneten Moment, wenn der Platz gerade leer ist, was ziemlich selten vorkommt, einpflanzen kann. Außerdem gibt es in Florenz eine Menge fragwürdige Weibsstücke, die mehr oder weniger von ihren Gatten getrennt leben, schändliche Schlampen, längst aus der Mode gekommene Carcontes, Löwinnen mit Preisnachlaß, Weiber mit ruiniertem Ruf, verhunzte Gebärmütter, mit Pessaren verschandelte Scheiden, russische Spioninnen, englische Blaustrümpfe, zweifelhafte Tribaden und unbestimmte Päderastinnen, bei denen man seinen Wurm einquartieren kann, wenn man den Geschmack Balzacs hätte. Aber dazu müßte man jeden Tag nach *Cascine* gehen und auf dem Trittbrett der Kaleschen, in einem Kostüm wie bei einer Premiere von den Bouffons, mit weißen Handschuhen bis zum Ellbogen und Lackstiefeln bis zum Arsch, eine stramme Schwanznelke in der Harnröhre und eine Ordensschnalle im Knopfloch, Konversation führen – und das alles nur, um so ein altes, verschleimtes Kanonenloch auszufegen, das sicher bereits mehr als dreißigtausend Schüsse abgefeuert hat.

In *Rom* frequentiert man das Arschloch (=Kreuz-As) der kleinen Abbés, aber die Weiber haben eine schreckliche Furcht vor Kutten und Pfaffen in Soutanen, die ihnen den Weihwedel in den Popo stecken und ihnen das Innere des Bauches mit Predigersamen besprengen, der der flüssigste von allen ist, wenn man Béroalde de Verville Glauben schenken will. Jede Hure muß verheiratet sein, sonst steckt man sie ins Gefängnis und die Bespringer zahlen, falls man sie erwischt, dreihundert Francs Geldstrafe. Das merkantile Streben der Römer beschränkt sich darauf, ein hübsches Mädchen zu heiraten, das sie dann den Kardinälen und den Fremden verkuppeln. Trotz der scheinbaren Sittsamkeit gedeiht hier die amerikanische Syphilis sehr üppig und beinahe so unverfälscht wie in den Zeiten Franz I. Die ganze französische Armee ist schwer verwundet: die Geschwulste platzen wie Granaten aus den Leisten hervor, der Tripper spritzt in eitrigen Strahlen und rivalisiert mit den Springbrunnen des Navoneplatzes. Afterschrunden und Hahnenkämme hängen in purpurnen Fransen von den Hintern der Pioniere herab. Die Schienbeine treiben Auswüchse hervor wie die Säulen aus altem Marmor in einer römischen Ruine. Seltsame Furunkel wuchern auf den Deltamuskeln des Regimentsstabes. Man sieht Leutnants in den Straßen promenieren, gefleckt und gesprenkelt wie die Panther mit Roseolen, Sommersprossen und kaffeefarbigen Pusteln, Ausschlägen, Geschwüren und Auswüchsen, pilz- und hornartigen Warzen und anderen sekundären und tertiären Folgeerscheinungen, die hier binnen vierzehn Tagen aufzutreten pflegen. Oberste marschieren ebenso wie gemeine Soldaten mit gespreizten Beinen, doch statt eines Bruches haben sie einen monströsen Tripper, der sich bei ihnen am Eiersack festgesetzt hat. Man könnte meinen, es seien Kürbisdiebe, die ihren Raub in den Hosen verstecken. Kein Schwanz ist ganz gerade und in Ordnung: sie krümmen sich, wie die Seeschlange des Herrn Jean Racine oder wie die Zaunrübe, die diesem Esel von Vacquerie[1] (34 Jahre alt) als Glied diente. Fünfhundert Schwänze blieben auf dem Schlachtfeld und etwa tausend verkrüppelte Männer verlangen von den Kapuzinern Invalidenrente.

Die Römerinnen haben uns schwerere Wunden geschlagen als die Römer; das ist schade, denn sie sind außergewöhnlich schön, von einer lebhaften, aufdringlichen, massiven, aber unbestreitbaren Schönheit.

Sie sind gewaltig und sehen aus, als wären sie von den Piedestalen der Museen herabgestiegen. Zwanzig Kinder könnten sie gleichzeitig auf ihren robusten Lenden tragen, und es wären mit Eisen besetzte Korsetts nötig, um ihre ungeheuren Brüste zusammenzuhalten.

Die Geschichte der Mutter der Beatrice Cenci, der man nicht den Kopf abschlagen konnte, weil ihre wie Bomben großen Titten sie daran hinderten, den Hals in den Blockausschnitt zu legen (was mir immer sehr merkwürdig vorgekommen war), wird hier gut verständlich. Das sind nicht diese gewaltigen, herabhängenden, schaukelnden Schlapptitten des Rubens, diese riesigen vlämischen Kleisterkübel, die bei jeder Bewegung zittern, dieser Niagarafall aus Fleisch, der sich von der Höhe der Brust auf das Gebirge des Bauches bis in die Täler des Schamberges herabstürzt, wie man es auf den Bacchanalien des Jordaens sehen kann – nein, das sind zwei halbe Erdkugeln, die sie vor sich her tragen, ein zweiter

---

[1] Auguste Vacquerie, französischer Schriftsteller.

Arsch, der auf dem Magen sitzt, zwei ungeheure Terrinen, die, von der gewölbten Seite aus gesehen, ein Kapitol und einen Palatin aus Menschenfleisch bilden.

Eines Abends besuchten wir eine junge Schöne, die, nachdem sie einige Umstände gemacht und sich dessen versichert hatte, daß wir keine Polizeispitzel wären, ihr Kleid ablegte und sich herumdrehte, damit wir ihre entblößten Reize betasten konnten. Ihre Brüste platzten im Zimmer in die Höhe, durchschlugen die Decke, breiteten sich in der Via Condotti aus, kugelten über den Korso bis zur Piazza Venezia und hüllten uns nun in eine Sintflut von Rosen und Lilien (Stil Dupaty). L., erdrückt unter dem Erdrutsch dieses Doppelgebirges von Goldau[1] und gefangen zwischen diesen beiden Globen, so groß wie die Ballons von Green[2], schleuderte einen silbernen Schleim in diese tiefe Schlucht, wo jener eine Spur hinterließ wie eine Schnecke auf einem Weinblatt. Ich machte mich bereits darauf gefaßt, sein Epitaph zu schreiben, falls er unter dieser Lawine begraben bleiben würde. Er ist der Meinung, auf diesem Weg wenigstens keine Syphilis erwischen zu können, ist aber in einiger Unruhe wegen der Krätze. Indes ist bis jetzt auf seinem Schwellkörper noch keine Krätzmilbe zutage getreten.

Man gab uns dann die Adresse einer verheirateten Frau in der Via Quattro Fontani Nr. 48 beim Obelisken Monte Cavallo, einem Schwanz aus Granit, der ihr als Wahrzeichen dient. Sie wohnt im ersten piano (dieses Wort hat nichts mit Erard zu tun, sondern bezeichnet nur das Stockwerk) und heißt Nanna. Ihr Gatte verläßt jeden Tag von zwölf bis drei Uhr mittags das Haus, und dann kommen die Fremden. Nanna, die, wie man sagt, das schönste Weib Roms ist, zieht sich dann splitterfasernackt aus, nackt wie ein Silberteller,

---

[1] 1806 wurde das Tal von Goldau im Kanton Schwyz bei einem Erdrutsch verwüstet.

[2] Der Engländer Green überquerte den Ärmelkanal in einem Ballon.

wie eine Kirchenmauer, wie die Rede eines Mitglieds der Akademie, und zeigt ihren Popo der Gesellschaft, der es frei steht, sie umzudrehen. Diese plastische Nummer kostet fünf bis zehn Francs, je nachdem, ob man sich begnügt, sie zu betrachten oder wirklich zu genießen. Der Gatte kehrt um drei Uhr zurück, Nanna zieht ihr Hemd wieder an und widmet sich wie eine ehrbare Frau wieder ihren hausfräulichen Pflichten. Dieses liebenswürdige Geschäft hat dem Kerl von einem Zuhälter bereits ein Haus und eine Rente eingetragen. Wir werden sie uns anschauen gehen und Euch dann eine detaillierte Schilderung geben.

Man hat uns von *Neapel* und einer gewissen Via Capuana erzählt, die jedoch nur ein eine Meile langes Bordell ist. – Aber wir wollen nicht den ganzen Unflat vorwegnehmen, sondern auch noch einige Sauereien für den Nachtisch lassen. Verzeihen Sie, teure Präsidentin, und wissen Sie mir Dank für mein großes Bemühen, Ihr Schamgefühl nicht zu verletzen. Ich hoffe, daß ich bei diesen etwas undelikaten Dingen nie vergessen habe, daß die lateinischen Bezeichnungen zwar das Schamgefühl überwinden, daß aber die französische Leserin nicht will, daß man auf sie Rücksicht nimmt.

Bald werde ich wieder meinen Platz an der sonntäglichen Tafel einnehmen können und die Feder mit der Zunge vertauschen. – Oh, wie gern würde ich sie irgendwo hineinstecken, – und ich würde in der Wahl des Loches auch nicht wählerisch sein.

Das eingebildete Schwein
Oder
Der Schweinehund ohne es zu wissen.

P S. Übermitteln Sie meine erektilsten Unanständigkeiten an Fräulein Bébé[1] – bäh! äh! – und mein Beileid dem

---

[1] Apollonies jüngere Schwester.

Rückenmark Ferdinands[1], das sich bereits im dritten Schwundstadium befindet. Wenn dieses Papier nicht so frivol und arschwischerisch wäre, würde ich Sie bitten, Alfred[2] meine herzlichsten Grüße zu übermitteln; aber ich wage es nicht, meine Ergebenheitsbezeugungen längs dieser Mauer zu deponieren.

[Anfang Januar 1851]

Meine liebe Präsidentin,

wenn Du mit Bébé nicht am Dienstag, sondern am Mittwoch kommen würdest, tätest Du mir einen großen Gefallen. Ich fürchte nämlich, an jenem Tag einer Probe[3] in der Opéra beiwohnen zu müssen. Alle diese Ärsche in Ballettanzügen zappeln so fürchterlich hin und her, daß einige Fußtritte – Fußtritte, die sie vor die Tür setzen – wahrscheinlich notwendig, wenn nicht gar unumgänglich sein werden.
Ganz der Ihre.

Ich langweile mich und liebe Dich.

[Samstag, 15. Januar 1851]

Liebe Präsidentin,

in der Hoffnung, doch noch eine Loge für Dich zu bekommen, in welcher Deine Schönheit in voller Blüte erstrahlen

---

[1] Fernand Boissard.
[2] Alfred Mosselman.
[3] Zur Aufführung von *Pâquerette* (am 15. Januar 1851), Ballett-Pantomime in 3 Akten, zu der Gautier das Szenario geschrieben hat.

kann, habe ich bis zum letzten Augenblick gewartet, aber die Direktion hatte zweifellos Angst, daß die Blicke des ganzen Publikums dann auf Dich und nicht mehr auf das Ballett gerichtet sein würden. Daher nur zwei Sperrsitze. Du wirst zwar gut sehen, aber weniger gut gesehen werden. Wie traurig für Deine Zeitgenossen!

Der Deine.

[Februar 1851]

Meine liebe Lili,

kein einziger Platz mehr! Elftausend Francs Einnahmen. Ernesta kommt gerade vom Theater zurück und bittet mich, Dir diese ärgerliche Nachricht zu übermitteln.

Leb wohl, o Liebe, o Schöne, o Prachtvolle, o Feurige.

25. April 1851

Liebe,

da ich mich darüber beklagt habe, keine Karten für *La Barrière de Clichy*[1] erhalten zu haben, – Karten, die der *Presse* gestohlen worden sind –, schickt mir die Direktion des Cirque soeben eine Loge: Nr. 35.

Wenn Du heute abend noch nichts vor hast, wirf Dich in Schale, nimm eine Freundin und begebe Dich in den Cirque. Ich werde schon vorausgehen und der Einlaßkontrolle Bescheid geben.

Von ganzem Herzen der Deine.

---

[1] Militärisches Drama in 5 Akten von Alexandre Dumas.

Mittwoch [1851?]

Meine liebe Lili,

ich hoffe, Du hast nicht vergessen, daß Du am heutigen Mittwoch mit Mademoiselle Virginie Huet in meiner Hütte weidest. Die Töpfe qualmen, die Makkaroni schrumpfen wie männliche Glieder auf dem Rost. Wenn Alfred bei Dir ist, bring ihn mit, und ich will nichts mehr davon hören (damit dies ein für allemal klar ist).

[Samstag, 31. Mai 1851]

Liebe Präsidentin,

wenn Dir eine *Fantasia Arabe*[1] mit Pferden, Kamelen, Waffen und anderem exotischen Beiwerk Vergnügen bereiten könnte, wäre ich sehr glücklich, Dich im Hippodrome in meiner Loge Nr. 4 zu sehen. Die riesige Pute begleitet mich; damit ist die Wohlanständigkeit gewahrt. Tu das Deine, um die Karawane nicht durcheinanderzubringen. Ich besetze für Dich einen Platz in meinem Herzen und auf der Bank.
    Der Deine.

[Oktober 1851]

Meine liebe Präsidentin,

ich schicke Dir dieses kleine Pastellbild, das schöner wäre, wenn Dein Gesicht durchscheinen würde, aber wie Du

---

[1] Ein arabisches Reiterspiel.

weißt, wurde es mit einem Federpinsel übermalt, was zweifellos besser für das Mahagoniholz als für das Gemälde ist. Versuche, dafür einen kleinen Platz zwischen Deinen Nippessachen zu finden, und glaube mir, daß ich (mangels besserem) Dein ergebenster Freund bin.

Ernest läßt Dich grüßen.

[November 1851?]

Liebe Präsidentin,

die Negerin[1] wird morgen um halb sechs Uhr bei Dir sein. Ich habe ihr geschrieben, sie hat mir eine Zusage gegeben, und außerdem wird sie von mir kommen. Sie wird ihre Gitarre mitbringen, einen Knoten in ihren Schwanz machen, um sich an den Tisch zu setzen, und wird diesen erst am Ende des Abends wieder lösen. Laß einen Ring an Deiner Decke anbringen, damit sie daran wie ein Makak[2] schaukeln kann.

Ganz der Deine. Bedecke Mosselman mit Grüßen von uns (spanische Grußformel).

[Mittwoch, 26. November 1851]

Meine liebe Präsidentin,

heute gibt es nichts in der Opéra Comique, doch füge ich zwei Karten für das Gymnase bei. Man spielt ein Stück von Madame Sand.[3] Es lohnt sich sicherlich, hinzugehen.

---

[1] Maria Martinez, für die er *La Negresse et le Pacha* schrieb.
[2] Affenart.
[3] *Le Mariage de Victorine.*

Ich bin so beschäftigt mit der Jagd auf den Tiger mit den fünf Klauen, daß ich Dir das Billett leider nicht selbst vorbeibringen kann. Verzeihe einem Unglücklichen; ich werde Dir im Theater › Guten Tag ‹ sagen. Die Negerin wird am Donnerstagabend vorbeikommen.

Ich lecke Deinen Fuß.

[1852?]

Oh Präsidentin,

ich schicke Dir diesen Kaktus, damit er bei Dir erblühen möge. Schau Dir die kleinen Knospen an, die wie Keimdrüsen[1] aussehen und nur darauf warten, in der Sonne Deiner Augen und Deiner Terrasse aufzuspringen.
Der Staub Deines Weges.

[Anfang Januar 1852]

Meine liebe Präsidentin,

ich komme gerade heim und finde Deinen Brief vor. Ich habe keine Karten für *L'Imagier de Harlem*[2], und es ist zu spät, um sich irgendwo noch eine Loge für dieses Spektakel zu besorgen. Aber wenn es Dir nur darum geht, einen langweiligen Abend auf etwas angenehmere Weise zu verbrin-

---

[1] Schwanzköpfe.
[2] *L'Imagier de Harlem ou la Découverte de l'Imprimerie* von Méry. Nerval und Lopez.

gen, könntest Du eine Loge für *La Perle du Brésil,* mit Musik von Félicien David, haben. Ich werde Dir morgen die Karten für *L'Imagier* schicken.

Von Herzen der Deine.

[Januar 1852?]

Liebe Präsidentin,

heute abend ist noch eine Loge bei den Italienern frei. Wenn Du mit Bébé Ernesta abholen könntest, würdest Du uns Ehre und Freude machen.

Ganz der Deine.

[Februar 1852?]

Liebe Präsidentin,

ich strecke meinen Elefantenrüssel[1] bis zu Deinem Hügel aus, um Dir diese Loge zu schicken. Zu meinem großen Bedauern habe ich so selten Gelegenheit, Dir eine Freude zu machen, daß ich diese beim Schopfe packe.

Richte bitte Mademoiselle Bébé meine spermatischsten Unanständigkeiten aus.

Der Deine.

---

[9] In der sonntäglichen Runde um die Präsidentin wurde Gautier Elefant genannt.

A la Présidente

Devant toi l'Eléphant dressant en l'air sa trompe
De son phallus géant décalotte la peau;
Le régiment qui passe agite son drapeau
Et le foutre jaillit comme par une pompe.

Tu n'as qu'à faire voir pour qu'un saint se corrompe
Ta gorge étincelante où tremble un oripeau;
Des cardinaux romains sous son rouge chapeau
Le vit pontifical se raidit tant qu'il rompe.

Les nymphes de Rubens remuant le jambon
Livrent des reins moins blancs au flot qui les emperle
Que toi lorsque ton bain sur ton beau corps déferle.

Ton regard dans les cœurs tombe comme un charbon.
Près de toi je vivrais au fond d'une masure:
Il n'est pas de taudis que ton amour n'azure.

AN DIE PRÄSIDENTIN

Vor Dir erhebt der Elefant seinen Rüssel in die Luft
Sein riesiger Phallus entblößt seine Kuppe;
Das Regiment, das vorbeizieht, schwenkt seine Fahne
Und der Saft spritzt wie bei einer Pumpe.

Du brauchst Sie nur zu zeigen, selbst ein Heiliger wird
dann schwach
Deine funkelnde Brust, auf der der Flitter bebt;
Der römischen Kardinäle, verborgen unter ihrer roten
Kappe,
oberpriesterlichen Schwänze werden steif, so sehr sie sich
auch bezähmen.

Die Nymphen des Rubens mit ihren aufregenden Hinter-
backen
bieten den Wogen, die sie umperlen, weniger weiße
Hüften
Als Du, wenn Dein Bad über Deinen schönen Körper
strömt.

Dein Blick fällt in die Herzen wie ein Stück glühende
Kohle.
Dir nahe, würde ich selbst in einem armseligen Gemäuer
leben:
Es gibt keine Elendsbehausung, die Deine Liebe nicht
himmelblau färbte.

[Freitag, 19. März 1852]

Meine liebe Präsidentin,

wenn man vom Wolf spricht, sieht man seinen Schwanz; wenn man von der Opéra Comique spricht, sieht man deren Loge. Es ist eine kleine Erstaufführung von Adam: *Le Farfadet*. Ich schicke Dir die Eintrittskarte, und wenn Du nichts Geileres vorhast, steig von Deinem Berg und sieh Dir diesen musikalischen Leckerbissen[1] an. Ich wichse in Deine Achsel und werde Dir in der Loge (mangels etwas Besserem) die Hand drücken.

Ganz der Deine.

Tausend Unanständigkeiten an Bébé.

[Freitag, 2. April 1852]

Liebe Präsidentin,

in aller Eile schicke ich Dir in diesem Brief zwei Sperrsitze für die Aufführung mit Sarah[2] im Odéon. Rachel spielt *Adrienne Lecouvreur*, und es wird jede Menge arschwitzige Unterhaltung geben. Also los, mein Schatz.

---

[1] Ironisch zu verstehen.
[2] Die Schauspielerin Sarah Félix, ältere Schwester von Mademoiselle Rachel.

[Ende Mai 1852]

Liebe Präsidentin,

ich schicke Dir diesen Brief von Montigny[1], um Dir zu beweisen, daß es weder seine noch meine Schuld war, daß Du
gestern keine Loge erhalten hast. Ich füge eine kurze Mitteil-
lung bei, um für heute eine zu bekommen. Verzeih mir bitte
diesen ungewollten Zwischenfall, den ich zutiefst bedaure.
Ganz der Deine.

Dienstag [16. November 1852]

Meine liebe Präsidentin,

würdest Du daran Gefallen finden, mit Deinem Liebsten
und Teuersten der Eröffnungsvorstellung der Italiener bei-
zuwohnen? Ich habe eine Loge[2], die Nummer 9, in der wir
zusammen ein musikalisches Bad nehmen und unsere Hintern in Rossinischen Harmonien baden könnten. Man gibt
Otello, gesungen von Calzolari, Cruvelli und anderen i's.
Von Herzen der Deine.

---

[1] Adolphe Lemoine, genannt Montigny, war Leiter des Théâtre du
Gymnase.
[2] Unübersetzbares Wortspiel mit der doppelten Bedeutung von le
baignoire – Badewanne / Loge.

[Ende November 1852]

Liebe Präsidentin,

der Präsident[1] geht heute in die italienische Oper. Wir haben eine Loge: 2. Rang Buchstabe L, offen. Ich könnte mir vorstellen, daß Du vielleicht ganz gern diesem feierlichen Ereignis beiwohnen möchtest, obwohl wieder *Otello* gespielt wird.
Von ganzem Herzen der Deine.

Ernesta gibt Dir eine Zungenstreich auf die geheimsten Stellen.

[Ende November 1852?]

Liebe Präsidentin,

ich habe mir wie Samson mein Haar von Delilah schneiden lassen.
Ich bin kahl, doch kraftlos; sehe ordentlich aus, aber wie aufgeblasen. Ich wage es nicht, meine lächerlich aufgedunsene Fresse in Deiner Bude zu zeigen. Was hat schon ein Nilpferd unter Sylphiden[2] zu suchen? Ich werde also die Düfte Deiner Achsel nicht einatmen können und werde mich wie ein englischer Überzieher, den man in der Schüssel eines Bidets vergessen hat, langweilen. Ich schicke Dir diesen Roman von Balzac zurück, beauftrage doch bitte Deinen Sklaven, mir einige Bände von ebendiesem Balzac zu bringen, damit ich nicht vor lauter Verzweiflung und Trübsinn

---

[1] 1852 war Prinz Louis-Napoléon Bonaparte noch Präsident.
[2] Luftgeister.

wie eine Marone, die man aus Versehen nicht eingeschnitten hat, platze[1].

Der Deine; der Staub Deines Weges.

[Anfang Dezember 1852?]

Liebe Präsidentin,

die beiden Balzacs habe ich bereits gelesen; schicke mir noch *Glanz und Elend der Kurtisanen* für meinen einsamen, onanistischen Abend.
    Ganz der Deine.

[Samstag, 25. Dezember 1852]

Meine liebe Präsidentin,

für die Premiere von *Masséna*[2] im Cirque steht uns eine Loge mit sechs Plätzen zur Verfügung. Steig von Deinen Höhen herab und hol im Vorbeigehen Ernesta ab. Du kannst Bébé oder Madame Lucenay[3] mitbringen oder auch alleine kommen, ganz wie Du willst.
    Ich beschnüffle andächtig Deine Achsel.

---

[1] Das französische crever hat die Doppelbedeutung abkratzen / platzen.
[2] Militärisches Drama in 3 Akten von den Brüdern Cogniard.
[3] Madame de Lucenay ist eine Figur aus *Die Geheimnisse von Paris* von E. Sue. Wen Gautier damit meint, läßt sich nicht klären.

[Samstag, 15. Januar 1853]

Liebe Präsidentin,

anbei die Loge für *Don Juan*.[1] Du kannst zwei Plätze haben. Ich werde mich, da ich noch in der Stadt speise, erst während der Vorstellung an Deinem Hintern[2] niederlassen.

Ich fühle mich sterbenselend, wenn ich Dich nicht sehe, aber am Sonntag war ich dreiviertel tot.

Ganz der Deine.

[Mittwoch, 2. Februar 1853]

Liebe Lili,

wenn Du Dir *Luisa Miller*[3] anschauen willst, hier hast Du eine Loge. Nimm Bébé mit und halte mir einen Platz an Deinem Hintern frei. Ernesta ist erkältet und hütet das Bett.

Bis heute abend.

---

[1] *Don Giovanni* von Mozart.
[2] Wortspiel mit sur tes derrières – hinter Dir/an Deinem Hintern.
[3] Oper von Verdi.

[Montag, 21. Februar 1853]

Meine liebe Präsidentin,

hast Du Lust, mit uns zusammen in der Porte Saint-Martin einen der ersten Auftritte des phantastischen Clowns John Devani anzuschauen, der die unglaublichsten Kunststücke macht und zudem ein ausgesprochen gutaussehender Mann ist? Er tanzt in einem Ballettstück, das *Smarra* heißt.

Die Nummer der Loge ist 14. Hol uns ab oder geh direkt dorthin, ganz wie es Dir beliebt.

Tausend erquickliche Schweinereien.

[Samstag, 19. März 1853]

Liebe Präsidentin,

wenn Du etwas weniger erschöpft bist als gestern, könntest Du Dir heute das Debüt von Madame Anna Lagrange und dem Tenor Napoleone Rossi bei den Italienern anschauen.– Man gibt den *Barbier von Sevilla*.

Hol auf dem Runterweg die Ernest ab.

Von Herzen der Deine.

[Donnerstag, 28. April 1853]

Meine liebe Präsidentin,

es gibt heute zwei Premieren[1] in der Opéra-Comique. Loge Nr. 7 – Ich weiß nicht, ob ich mich verständlich machen

---

[1] *La Lettre au bon Dieu*, Oper von Scribe und de Courey, und *L'Ombre d'Argentine*, Oper von Bréville / Montfort.

Ernest Meissonier
Madame Sabatier
(Öl, 1853)

konnte. Teil dem Sklaven mit, ob Du direkt hingehen oder die Ernest abholen wirst.

Der Deine.

[Dienstag, 10. Mai 1853]

Liebe,

Ernesta fühlt sich zu lendenlahm und heiser, um in den Cirque gehen zu können. Ich schicke Dir die Eintrittskarte, verfüge frei über die vier Plätze. Ich selbst muß ins Vaudeville, um mir die *Filles de Marbre* anzusehen.

Ganz der Deine.

[Mittwoch, 28. Dezember 1853]

Präsidentin,

anbei eine Loge für *Betty* von Donazetti, die gestern als Benefizvorstellung aufgeführt wurde. Wir machen die Organisation der zweiten. Schau es Dir an und amüsier Dich, ich werde Dir › Guten Tag ‹ sagen.

Ernesta wird sich Dir anschließen.

[Samstag, 7. Januar 1854]

Meine liebe Apollonie,

willst Du mit der Altstimme Ernest zum *Barbier von Sevilla*? Die Alboni spielt die Hauptrolle.

Von ganzem Herzen der Deine.

Komm bei uns vorbei; ich weiß noch nicht, ob ich die Ernest begleiten kann. Es liegt auf Deinem Weg, doch entschuldige, daß ich Dir Umstände mache.

APOLLONIE[1]

J'aime ton nom d'Apollonie,
Echo grec du sacré vallon,
Qui, dans sa robuste harmonie,
Te baptise sœur d'Apollon.

Sur la lyre au plectre d'ivoire,
Ce nom splendide et souverain,
Beau comme l'amour et la gloire,
Prend de résonances d'airain.

Classique, il fait plonger les Elfes
Au fond de leur lac allemand,
Et seule la Pythie à Delphes
Pourrait le porter dignement,

Quand relevant sa robe antique,
Elle s'assoit au trépied d'or
Et dans sa pose fatidique
Attend le Dieu qui tarde encor.

---

[1] 1853 für die *Revue de Paris* geschrieben, wurde dieses Gedicht 1858 in einer neuen Ausgabe der *Émaux et Camées* veröffentlicht.

APOLLONIE

Ich liebe Deinen Namen, Apollonie,
Griechisches Echo des heiligen Tals,
Der in seiner kraftvollen Harmonie
Dich zur Schwester des Apollo tauft.

Auf der Lyra mit elfenbeinernem Plektron,
Dieser glanzvolle und erhabene Name,
Schön wie die Liebe und der Ruhm,
Ertönt in ehernen Klängen.

Klassisch, läßt er die Elfen tauchen
Auf den Grund ihres deutschen Sees,
Und einzig Pythia in Delphi
Könnte ihn würdig tragen,

Wenn sie, ihr antikes Gewand schürzend,
Sich auf den goldenen Dreifuß setzt
Und in schicksalsergebener Haltung
Des Gottes harrt, der noch auf sich warten läßt.

[Samstag, 14. Januar 1854]

Liebe Königin von Saba,

unter dem Vorwand der *Italienne à Alger*[1] grölt man cra-
paud Biscanti[2] den Italienern. Vor allem die Alboni, diese
Elefantenkuh, die ein Rotkehlchen verschluckt hat, tutet
herum. Komm mit der Ernesta – der phantastischen Klitoris.
Du kannst auch Bébé mitnehmen, wenn Du willst.
Hol sie bitte ab. Der Deine.

[Donnerstag, 23. Februar 1854]

Liebe Apollonie,

hier ist die Loge für den *Don Giovanni* von Mozart. Ich
schicke sie Dir so frühzeitig, damit Du noch Bébé Bescheid
geben kannst. Ernest (die riesige Pute) ist erkältet und liegt
im Bett und schluckt stündlich eine Pille aus Eisenhut-
zucker, so werde ich ohne diese junge Altstimme mit der be-
haubten Klitoris gehen. Mein Herz, das nach einem Rezept
mit Brechwurz gestärkt wird, hält sich für genügend ge-
festigt, um nicht in den Schnee Deines Halses zu kotzen. Du
kannst also unbesorgt ein Dekolleté tragen.
  Lebe wohl, o Balkis, Königin von Saba.

Entschuldige bitte diesen pharmazeutischen Brief. Nach
dem medikamentösen Geschreibsel könnte man meinen, ich
sei ein *matassin*[3], der an einen Arsch schreibt.

---

[1] *Italiana in Algeri*, Oper von Rossini.
[2] Unverständliche Anspielung, die wahrscheinlich auf einen Verspre-
cher von Ernesta Grisi zurückgeht.
[3] Tänzer.

Liebe Apollonie,

komm von hinten, wie ein feiger Päderast, durch den Künstlereingang. Übergib dieses Schreiben dem Direktor: Du wirst sofort einen Platz – oder einen anstößigen[1], wenn Du in Hitze bist – bekommen.
    Der Deine; ich lecke Deine Achsel.

[1854?]

Liebe Apollonie,

hier ist die Loge für die Franzosen[2]. Benachrichtige bitte auch Bébé.
    Du bist meine Liebe, sie ist mein Laster; und es würde mich sehr glücklich machen, den Traum einer Winternacht zwischen Euren beiden wunderschönen Körpern zu träumen.
    Der Deine mit Leib und Seele, wann Du willst.

[1. oder 2. Juni 1854]

Meine liebe Lili,

ich habe mit Dir die Komödie des Schweinehunds aus Not und des Schufts wider Willen gespielt. Meine Loge war von

---

[1] Wortspiel mit incontinent – sofort und incontinente – anstößig, ausschweifend.
[2] Théâtre Français.

den Taugenichtsen des Théâtre Italien überflutet worden: Frezzolini, Ragani, Merdolini, Bandolini, Brandolini, Troudukuski und anderen; und ich hatte nur noch einige Autorenplätze, die so widerlich waren, daß ich es nicht gewagt hätte, sie Dir anzubieten.[1]

Heute schicke ich Dir eine Loge ganz für Dich allein und bitte Dich, mir diese schlimme, aber von mir vollständig unverschuldete Schweinerei zu verzeihen. Du weißt, daß ich Dich anbete und daß ich gern wie ein großer King Charles den Zwischenraum Deiner Finger, Deine Pospalte und Deine Achselhöhle lecken würde. Ich spreche nicht von Deiner Klitoris, denn das ist sowieso klar und versteht sich von selbst.

[Oktober 1854?]

Meine liebe Apollonie,

stell Dir mein unsägliches Bedauern vor! Die Pute Ernest hat doch die Dummheit besessen, vor einigen Tagen eine Einladung für heute abend anzunehmen, da sie der Meinung war, Du seist in England. Und das, wo ich doch einen riesigen Sack mit Schmutz zu entleeren hätte; seit drei Wochen habe ich nichts Unanständiges mehr gesagt! Verstehe, wie ich leide, o meine Herzallerliebste, und bedaure mich! Viele Grüße an Bébé und die Freunde. ·

Der Deine bis zum bitteren Ende!

---

[1] Gautier entschuldigt sich, daß er der Präsidentin für die Premiere von *Gemma,* einem Ballett in 2 Akten, zu dem er selbst das Szenario geschrieben hat, keine Karten anbieten konnte.

[Samstag, 11. November 1854]

Mit der Pute Ernest bin ich zu Deiner Bude hochgeklettert;
doch es war niemand da. Daher hinterlasse ich Dir diese
Nachricht, um Dich zu *Ernani* (Premiere)[1] mit der Bosio
Xindelavonis[2] und den verschiedensten Bluffern einzuladen.

Wenn Dir das wie ein Handschuh paßt, nimm den Weg
durch unsere Straße und stoße einen Schrei aus; wir werden
dann herunterkommen.

Der Deine.

[Sonntag, 10. Dezember 1854]

Meine liebe Präsidentin,

ich weiß, daß es Dir großes Vergnügen machen wird, die Musik von Berlioz[3] zu hören: anbei daher ein numerierter Bal-
konplatz. Ernesta ist im Besitz des anderen und wird sich im
› Saal Herz ‹ an Deine Seite setzen.

Tausend Zärtlichkeiten; ergötze Deine Ohren, wie Du
meine Augen ergötzt.

---

[1] Oper von Verdi.
[2] Außerhalb des Theaters nannte sich die Sängerin Angelina Bosio
Madame Xinda Velonis. Gautier mixt hier diese beiden Namen.
[3] Es handelt sich um das Oratorium *L'Enfance du Christ.*

Liebe Präsidentin,

wenn Du neugierig bist, die Rachel im Théâtre Italien bei der Aufführung des vertonten *Bajazet* zu sehen – *great and combinated exhibition* – hier sind zwei Karten. Hol Deine Schwester ab, wenn Du hinuntergehst; es wird ein Gemetzel an der Kasse geben, und die Bürger werden sich in der Verkaufsstelle zu Tode drücken; man wird im Säulenumgang bis zur Wade in den Eingeweiden der Schuhmacher und Senatoren stehen. Heb Deinen Rock beim Vorbeigehen etwas hoch. Ernesta läßt Dich grüßen, und ich werfe mich Dir zu Deinen Strümpfen.

PS. Du kannst Deine Karte für 20 000 Francs verkaufen, das ist der Preis.

Mittwoch abend [1855?]

Liebe Präsidentin,

morgen werde ich nicht bei Dir dinieren, denn ich gehe zum Feuerwerk. Aber sogleich wenn die letzte Rakete ihr leuchtendes Sperma in die Luft gespritzt hat, werden wir in aller Hast zu Dir eilen.
  Ganz der Deine.

[Montag, 26. März 1855]

Liebe Apollonie,

möchtest Du heute abend zu der Benefizvorstellung zugunsten der Borghi-Mamo gehen? Du kannst über die Loge frei verfügen. Ernesta wird im Theater herumstreifen und sich damit begnügen, Dir › Guten Tag ‹ zu sagen.

Ich liebe Dich, o Präsidentin, und wünsche, daß Dein Kreuz wieder so geschmeidig wird, daß es die Gymnastik des Steißbeins mit Leichtigkeit bewältigt. Leider ein gänzlich uneigennütziger Wunsch!

PS. – Die Ernesta, die soeben den Brief gelesen hat, möchte auch einen Platz in der Loge; aber geh nur direkt dorthin und kümmere Dich nicht um sie. Sie wird auf eigene Faust kommen und, nachdem sie sich ihren Hintern an den Kanten der Kulissen gescheuert hat, zu Dir hinaufsteigen. Denn sie möchte auf Elisa, in zahllose Chiffontücher gehüllt, treffen.

Elisa, morgen, wenn es möglich ist.[1]

[Freitag, 14. September 1855]

Liebe Präsidentin,

anbei die Karten für das Konzert von Félicien David[2] und ein gestern erlegter Hase, Dinge, die nichts miteinander zu tun haben, aber für jene angenehm sein können, die Musik und Wild lieben.

---

[1] Handschriftlicher Zusatz, wahrscheinlich von Ernesta Grisi.
[2] Gespielt wurde die Symphonie *Le Désert*.

Du warst wohl ziemlich stark *monacarouillé*[1], da Du gestern nicht nach Enghien gekommen bist, um diesen wunderbaren Geruch nach faulen Eiern und schwefeligen Fotzen zu atmen, den dieser reizende ländliche Ort ausströmt?

Von Herzen der Deine, mangels besserem.

[Dezember 1855?]

Liebe Apollonie,

ich schicke Dir etwas Wild, das Du ganz nach Deinem Geschmack zubereiten kannst. Ich wollte Dich eigentlich einladen, es bei uns zu verspeisen, doch machte mich Ernesta darauf aufmerksam, daß wir in unserem Haushalt nur über drei Gläser und sieben Teller verfügen, und Samstag ist nicht gerade der Tag, an dem wir genügend Knete haben, um Geschirr aus Pfeifenton oder undurchsichtigem Porzellan (Louis Lebeuf, Monereau) zu kaufen.

Von ganzem Herzen der Deine, und bis Sonntag.

[Dienstag, 8. Januar 1856]

Liebe Präsidentin,

der animalische Carrion – jener, der Uhrenpendel als Ohrringe trägt – ist krank. Man spielt heute also nicht *Matilde di Sabran*[2], sondern *Ernani*. Die Aufführung wurde auf Donnerstag verschoben. Entschuldige bitte tausendmal, aber es ist die Schuld von diesem Päderasten.

Ganz der Deine.

---

[1] Wortschöpfung Gautiers, die auf dem Spitznamen von A. Mosselman, Macarouille, basiert, also: mit Macarouille beschäftigt.

[2] Oper von Rossini.

[1854 / 1856]

Meine liebe Königin von Saba,

Ernesta liegt kank im Bett, und ich bin dermaßen heiser und
erschöpft, daß ich es nicht wage, auf Deinen Hügel zu klet-
tern. Ich hätte Angst, daß mein weißer Schleim auf Dein
hübsches blaues Geschirr oder Deine zarte Brust tropft. Du
könntest zwar, wenn ich mich elend fühle, meine Lebens-
kräfte mit einem Schweißtropfen Deiner Achselhöhle wieder wecken, doch ist es so kalt, daß Du vielleicht nicht einmal transpirierst.
    Ich sende Dir mein tiefstes Bedauern und meine verliebte-
sten Schweinereien.

[April 1856]

Meine liebe Präsidentin,

ich bin im Verzug mit meinem Feuilleton und weiß noch
nicht, wann ich damit fertig sein werde. Warte nicht auf
mich, und iß Deine sonntägliche Suppe zu einer vernünftigen Zeit. Man bereitet mir hier ein Stück Aas zu, das ich zwischen zwei Sätzen verschlingen werde.
    Der Deine.

[Dienstag, 21. Oktober 1856]

Meine liebe Saba,

deren Königin und auch perfektestes Modell Du bist, hier ist
eine Loge bei den Italienern für Dich. Wir werden ins Vaude-

ville gehen und Dir später noch › Guten Tag ‹ sagen, denn das Stück, das dort gespielt wird, ist sehr kurz. Du kannst frei über die Loge verfügen; wir werden Dich feig von hinten vögeln. Schick bitte eine kurze Antwort.

Ganz der Deine.

[Januar 1857]

Anbei die Box.[1] Schachtel Dich darin mit den passenden Leuten ein.

Ganz der Deine; benachrichtige Max[2] und Frédéric, Friseur in Le Havre.[3]

[Samstag, 25. April 1857]

Liebe Präsidentin,

verzeih mir, daß ich Dir diese Loge für die Opéra Comique sende; ich vermache sie Dir niederträchtigerweise, um heute abend in diesem scheußlichen Theater ein wenig Deinen Anblick genießen zu können.

Halte einen Platz in der hinteren Reihe für den schrecklichen Reyer frei; das ist gut genug für diesen algerischen Päde-

---

[1] Eine Loge.
[2] Maxime du Camp.
[3] Redewendung von Gautier, die auf eine wahre Begebenheit Bezug nehmen soll: Gautier wurde von einer schönen Frau, der er den Hof machte, zurückgewiesen, da sie »Frédéric, un coiffeur au Havre« liebte. (Siehe Feydeau, 1874)

rasten. Ich werde den *Don Juan d'Autriche*[1] holen lassen, um ihn der lieben Bébé, die ich anbete, zu schicken.

Wie ein Bandagist[2] würde ich ihn Dir zuliebe gern direkt an Deinem Schamberg ausprobieren.

[September 1857?]

Angebetete,

da Du Dich schon darauf eingelassen hast, Dich um meine Monstermenagerie zu kümmern und in meine Behausung zu kommen[3], in der sie herumhüpfen und Krach machen, müßtest Du nun auch so gegen halb sechs Uhr in meiner Spelunke vorbeischauen und ein kleines Stück Aas zu Dir nehmen. Ich werde mich mit Dir zwischendurch vergnügen, und du wärest dann in allerbester Stimmung für den Aufbruch.

Antworte der exotischen Pute, die Dir dieses Huhn anvertrauen wird, mit einem Klitoriszucken.

Ich würde gern Deinen Arsch lecken, wenn er nur nicht so sauber wäre.

Der Deine.

PS. Ernesta sagt gegen fünf Uhr.

---

[1] Es handelt sich hierbei wohl nicht um ein Werk über den illegitimen Sohn Karls V., sondern um eines der Objekte, auch passetemps genannt, mit denen sich Frauen Befriedigung verschaffen können.
[2] Eventuell eine Wortschöpfung aus bander – steif werden / erigieren.
[3] Madame Sabatier hatte sich wohl anerboten, während einer Reise Gautiers Haus und Tiere zu hüten.

[Oktober 1857]

Liebe Präsidentin,

draußen herrscht ein Hundewetter, Alfred ist schlechter
Laune, und Du bist sicher griesgrämig und ziemlich gelangweilt von diesem Abend. Deshalb sende ich Dir eine Loge
für die Opéra-Comique; ertränke Deine Übellaunigkeit
darin. Die Ernesta wird unabhängig von Dir auch hingehen.

Könnte mein Sperma doch im Bogen einer Parabel von
mir bis in die Rue Frochot spritzen, in Deine rötlichen
Haare und auf Deinen Spiegel! Ganz der Deine.

[31. Oktober 1857]

Liebe Apollonie,

die Pute Ernesta ist *rauca de la garganta* oder, wie der Fran-
zose sagen würde, *rauque de la gargate*[1]. Du kannst also
über ihren Platz am sonntäglichen Futtertrog verfügen,
denn diese junge, posaunenblasende, crapobiskante Spinne-
rin, deren Klitoris den Rock hochbauscht, kann nicht einmal mehr zwei Silben herausbringen. Sie wäre dazu gezwungen, das Gespräch durch eine ausdrucksvolle Mimik und Ge-
stik zu ersetzen, was nicht gerade die Stärke der italienischen
Sängerinnen ist. Ich selbst huste wie eine Bulldogge, die beim
Abschlecken eines Tellers eine Gabel verschluckt hat, aber
ich kann noch sprechen und genügend Unflätiges sagen, um
in Gesellschaft nicht unangenehm aufzufallen. Ich werde
kommen. Vögel Macarouille von hinten für mich. Reyer
wird dann zwar eifersüchtig sein, aber was soll's!

---

[1] Stockheiser.

[Dienstag, 12. Januar 1858]

Meine liebe Präsidentin,

wenn Du nichts besseres vorhast, schau Dir mit Ernesta *Don Pasquale*[1] an. Es wird ein grandioses Debüt zu sehen geben.

Zugleich möchte ich Dich darauf hinweisen, daß das *Risotto* auf Freitag verschoben ist. Teil dies bitte auch Max[2] mit.

Ganz der Deine.

PS. Wir sind in der Rue Grammont 15. Laß uns, wenn es möglich ist, durch einen Sklaven Deine Antwort übermitteln.

[Samstag, 27. Februar 1858]

Meine liebe Präsidentin,

anbei eine Loge für das Théâtre Italien. Ich denke, man gibt das Katzengejammer *Linda de Chamouni*[3]. Versuche, daran Gefallen zu finden, und nimm die Guierri[4] mit. Ernesta wird Euch › Guten Tag ‹ sagen kommen.

Ganz der Deine.

---

[1] Komische Oper von Donizetti. Es debütierte Madame Salvini-Donatelli.
[2] Maxime du Camp.
[3] Oper in 3 Akten von Donizetti.
[4] Elisa Gnierri oder Guerri.

Liebe Präsidentin,

wenn Du Dir für heute noch nichts Besseres vorgenommen hast, komm zu uns, und laß uns gemeinsam einige Stunden auf dem Land verbringen und dort auch etwas Nahrung in Form eines Abendessens zu uns nehmen. Die Pute Ernest hat es nicht gewagt, Dich gestern einzuladen, da sie nicht wußte, ob ich heute in Paris bleiben muß. Du kannst Dir vorstellen, daß ich sie am liebsten zu Brei gemacht hätte, weil sie mich dieses Glückes berauben wollte. Es ist noch zu früh, um der Guerri Bescheid zu geben, da sie sicher noch schläft und sich von den tausend, in einer Minute abgefeuerten Schüssen erholt.

Benachrichtige sie und bring sie mit.

Ganz der Deine.

Wenn Macarouille sich in Paris aufhält und nicht zu sehr davon in Anspruch genommen ist, Brustkinder zu entjungfern, nimm ihn mit.

[Dienstag, 11. Mai 1858]

Meine liebe Präsidentin,

Ristori spielt heute abend *Fedra*[1] ohne ph. Es wird phamos sein, mit dem ph, das dem griechischen Namen der hysterischen Heroine weggenommen wurde. Diese Idioten würden sich mit diesem für sie zu harten Buchstaben die Kehle wundscheuern.

Steig von Deinem einsamen Berg herab. Ich werde mit Ernesta hingehen.

Ganz der Deine.

---

[1] Italienische Übersetzung von Francesco Dall'Ongaro der *Phèdre* von Racine.

[Neuilly, September 1858]

Präsidentin meines Herzens,

speisen wir heute bei Dir? Die Ernesta würde Dir gern einen
Zungenstreich auf Deine Klitoris geben, und ich ebenfalls,
da ich Dienstag oder Mittwoch in ferne Länder reisen werde.
Wenn Du schon etwas vorhast, teile es dem Sklaven mit, da-
mit wir uns noch ein Stück Aas besorgen lassen können.
Der Deine.

Könnte Dir Dein Abgeordnetenhaus doch eine Zuwendung
von drei Millionen Francs bewilligen.

Sankt Petersburg, 10. Januar 1859

O Präsidentin,

was für ein herrliches Neujahrsgeschenk für einen armen
nach Sibirien Verbannten. Ein Brief von Dir, das bereitet mir
unsägliche Freude, ohne mich jedoch in allzu großes Stau-
nen zu versetzen. Die schönen Frauen sind auch immer die
Guten, die Geistvollen, die Liebenswürdigen; in einer Brust
aus Marmor findet sich häufig das zärtlichste Herz, ein Herz
aus Marmor bewahrt wie ein Stempel den Eindruck an Ver-
gangenes. Du hast Deinen Freund nicht vergessen, Deinen
Elefanten, der aus Angst vor der Sklaverei und der Syphilis
ein Palmenblatt zwischen sich und die Abenteuer der Liebe
gelegt hat, wie es der Vicomte de Chateaubriand einmal so
treffend formulierte. Das ist schön, das ist großartig, das ist
selten, und ich würde gerne bis in alle Ewigkeit leben, um
Dir auf immer meine Dankbarkeit erweisen zu können.
    Das einzige, was mir von Paris abgeht, außer meinem klei-
nen Nest und meiner Brut, ist Dein glockenhelles Lachen

und Deine strahlende Fröhlichkeit bei unseren sonntäglichen geistigen Bacchanalien. Auch fehlt mir das Duftkisselchen, das sich versteckt unter Deiner göttlichen Achselhöhle befindet und einen stärkeren Geruch verströmt als die Duftberge des Salomo, und auch Dein Rücken, der an Glimmerstein aus Paros erinnert und gegen den ich mich voll geheimer Begierden wie eine wollüstige Katze reiben möchte. Meine Gedanken kreisen häufig darum, und manchmal stelle ich mir vor, wie ich Dir mit einer Hand darüberstreiche, die andere aber auf Abwege gerät, und der Altar der Erinnerung die Opfer der Einsamkeit empfängt.

Apollonie, ich bin nicht mehr verführerisch genug, um meinerseits eine gleichstarke Begierde hervorrufen zu können. Wenn Du jedoch eines Nachts nicht wissen solltest, was Du mit Deinen zehn Fingern anfangen sollst, und eine nördliche[1] und polare Onanie einen schlechten Beigeschmack für Dich hat, dann stell Dir Deinen Freund folgendermaßen vor: auf dem Kopf einen Hut bis zu den Augenbrauen heruntergezogen, keinen alten, verlotterten Filzhut (ich hätte beinahe Fickhut geschrieben, die Phantasie geht mir durch), wie ihn Herr Goulatromba[2] trägt, sondern eine Boyardenkappe aus schwarzem Biberpelz zum Preis von hundert Rubeln (vierhundert Francs), eingemummelt in einen Pelzmantel zu zweihundert Rubel (achthundert Francs), dessen Kragen, der wie eine Halskrause à la Maria di Medici oder wie der gigantische Hemdkragen eines Kolonialwarenhändlers hochgeschlagen ist und seinen Kopf um Haupteslänge überragt, die Hände in Handschuhen aus Kamtchatka-Hasenleder, die Füße in Stiefeln aus Seehundfell. Stell Dir vor, wie er auf einem Schlitten sitzt, der von Pferden gezogen wird, von denen das eine im Trab geht, das

---

[1] hintere (?)
[2] Goulatromba ist eine Figur aus *Ruy Blas* von Victor Hugo. Doch trug nicht *er* den alten Filzhut, sondern ein anderer Freund von Don César.

134

andere im Galopp, die Nase auf den Boden gesenkt, und vor ihm ein *isvostchik*[1], den Arsch in der Luft, der ihm einen scharfen Kohlgeruch direkt in die Nase bläst. – Und diese Szene leuchtet nur blitzartig in einem Gestöber aus silbernen Pailletten und blauen Tauben auf. Was denkst Du, vermöchte Dich dieses ziemlich wahrheitsgetreue Bild, das ich aus Feigheit noch etwas hätte verschönern können, in Erregung versetzen und einen Deiner zarten Finger dazu verführen, sich in jenen Muff eines Rotfuchses, der weit schöner ist als alle Blaufüchse Sibiriens zu verirren? Ob Du nun mir zu Ehren oder nicht die kleine, rosige Klitoris, die in Deinem goldenen Vlies ruht, aufstachelst, ich werde Dich deswegen nicht weniger lieben, Du Licht meiner Augen, Du Lächeln meiner Lippen, Du Zärtlichkeit meiner Seele.

Aber versuchen wir nun, etwas ernsthafter zu sein. Das fällt mir ziemlich schwer, wenn ich schreibe; meine Phantasie stampft vor Ungeduld, bäumt sich auf, geht mir durch, jagt in rasendem Galopp davon und wird so geil wie ein brünstiger Hengst.

Unser Vorhaben ist hervorragend gelungen, und es war keine einfache Sache. Um dieses Ziel zu erreichen, brauchte ich die Hartnäckigkeit einer auf den Rücken gefallenen Kellerassel, die Geduld einer Wanze in einem Holzbett, in dem niemand schläft, die Nüchternheit einer Abortspinne nach dem Krepieren der Fliegen, die ich aber, wie Du weißt, durchaus besitze. All den liebenswürdigen Spöttereien der guten Seelen ist nun der Wind aus den Segeln genommen. Und ich werde stolz und triumphierend auf den Boulevard zurückkehren, und niemand wird mich mehr grinsend fragen: Sie reisen also nun doch nicht nach Rußland?

Ernesta hat Dir nichts gesagt, aus dem einfachen Grund, weil sie nichts wußte.

Am Neujahrstag kam ein Brief vom Comte d'Adlesberg, in dem er uns anwies, einen kleinen Vorschuß in Höhe von

---

[1] Kutscher.

tausend Rubel in Empfang zu nehmen. Wir haben ohne Einwände gehorcht. Dann ist Dein Brief gekommen. Welcher von beiden hat mir wohl größere Freude bereitet? Ich denke, es war der Deine.

Jetzt müssen wir den liebenswürdigen Moskauern nur ein Meisterwerk zaubern. Wir werden es tun, wir werden es tun.

Ende Februar werdet ihr einen geistvollen Jüngling mit einem Pelz wie ein Bär auftauchen sehen, bespickt mit Eiszapfen, der niemand anderer ist als ich, mit Noten und Photographien bepackt, der aber nach zwei oder drei Sonntagen wieder auf dem laufenden und genauso schweinisch sein wird wie der Rest der Gesellschaft. Du kannst aus dem prüden Ton meines Briefes ersehen, wie sehr der Umgang mit vornehmen Damen meinen Stil verdorben hat.

Meine herzlichsten Grüße an Deine intime Menagerie, den Komatiker Macarouille, den Päderasten Max, den Kreislerianer[1] Reyer und all die anderen. Sage Koucheleff-Bedborodsco, dem Zitherzupfer, daß Enthoven seine Bilder ordnet, um sie mir zu zeigen. Er wird verstehen, um was es sich handelt.

Wenn Adèle, genannt Bébé, zufällig nicht mit den Aalen in Melun war, gib ihr auf meine Rechnung einen kleinen inzestuösen Zungenstreich, wohin Du willst. Ich werde ihn Dir zurückgeben. Gib Ernesta auch einen Kuß auf den Mund: sie riecht gut.

Leb wohl, liebe Präsidentin; leb wohl und bis bald.

PS. Was Koucheleff anbelangt, Du wirst in zwei oder drei Tagen einen Brief von Carolus de Raaij bezüglich jener Sache erhalten, und ich möchte Dich bitten, ihm diesen gegen ein Zitherlied und eine Schachtel Bonbons auszuhändigen.

---

[1] Nimmt wohl Bezug auf die Figur des Kapellmeisters Kreisler in E. T. A. Hoffmanns *Kater Murr.*

Liebe Saba,

Du könntest mir einen sehr großen Dienst erweisen. Du brauchst aber nicht zu erschrecken. Erlaube mir, daß ich morgen abend zum Diner bei Dir Monsieur Mussard, Generalsekretär der Prinzessin Maria in Sankt Petersburg, mitbringe. Dieser charmante Mensch kennt Dich aus unseren Gesprächen, denn er lud mich, da ich mich sonntags stets in besonders melancholischer Stimmung befand, häufig am Sonntag zu sich ein und verhinderte so, daß ich mir aus Verzweiflung den Garaus gemacht habe. Es ist also allein ihm zu verdanken, daß ich noch lebe. Du wirst es sicher gut nachfühlen können, wie unerträglich es für mich gewesen ist, Deine Gegenwart sieben unendliche Monate lang vermissen zu müssen. Er ist übrigens sehr geistreich, und man kann in seiner Anwesenheit im reinsten Argot sprechen.

Gewähre mir diese Gunst, und ich werde Dir die meine in nichts verweigern. Ich habe keine andere Möglichkeit, mich diesem liebenswürdigen Fremden gegenüber erkenntlich zu zeigen, als ihn mit Dir bekannt zu machen. Ich bin der Ansicht, daß er nur deswegen nach Paris gekommen ist, um Alfred in Sicherheit zu wiegen. Er wird allerdings bereits Mittwoch ins heilige Rußland zurückkehren.

Ganz der Deine.

Liebe Präsidentin,

es war wirklich ein Fehler von Dir, daß Du gestern nicht zu uns zum Abendessen gekommen bist, so hast Du mich des Vergnügens beraubt, Dich zu sehen. Um sieben Uhr mußte ich zu der Probe von jener Sache gehen, über die Meisonnier mit Dir gesprochen hat.[1]

Beiliegend ein Antwortbrief für Macarouille. Bitte laß ihm diesen zukommen, ich teile ihm darin meine Entschuldigung und mein Bedauern aufs ausführlichste mit. Ich bin durchaus bereit, alles, was er will, zu schreiben, aber erst etwas später.

Leb wohl, meine liebe Königin von Saba; wärest Du doch im Besitz der Schätze Salomos und der Perlen des Ophyr!

Einen Zungenstreich auf Deine zwiebelförmige Klitoris.

---

[1] Wahrscheinlich handelt es sich um den Prolog, den Gautier für die Einweihungsfeier des Pompejianischen Hauses von Napoleon verfaßt hat.

II.

Muse und Madonna

Charles Baudelaires *weiße Venus*

Charles Baudelaire (1821–1867)
Photographie von Nadar

An Madame Sabatier

Die Person, der die nachfolgenden Verse gewidmet sind, wird untertänigst und *inständig gebeten,* sie *niemandem* zu zeigen, ob sie ihr nun gefallen oder mißfallen, ja selbst wenn sie ihr vollkommen lächerlich erscheinen sollten. Die innigen Gefühle besitzen eine eigene Scham, die nicht verletzt werden will. Ist nicht das Fehlen einer Unterschrift gerade ein Kennzeichen dieser unüberwindlichen Scham? Der Schreiber dieser Verse, die in einem jener häufigen Augenblicke entstanden sind, wo das Bild der hier Angeredeten ihn in einen traumhaften Zustand versetzt, hat sie glühend geliebt, ohne es ihr je zu sagen, und wird ihr *allezeit* die zärtlichste Zuneigung bewahren.

À une femme trop gaie

Ta tête, ton geste et ton air
Sont beaux comme un beau paysage;
Le rire joue en ton visage
Comme un vent frais dans un ciel clair.

Le passant chagrin que tu frôles
Est éclairé par la santé
Qui jaillit comme une clarté
De tes bras et de tes épaules.

Les retentissantes couleurs
Dont tu parsèmes tes toilettes
Jettent dans l'âme des poëtes
L'image d'un ballet de fleurs.

Ces robes folles sont l'emblème
De ton esprit bariolé;
Folle dont je suis affolé,
Je te hais autant que je t'aime!

Quelquefois dans un beau jardin
Où je traînais mon agonie,
J'ai senti, comme une ironie,
Le soleil déchirer mon sein;

Et le printemps et la verdure
Ont tant humilié mon cœur,
Que j'ai puni sur une fleur
L'insolence de la Nature.

Ainsi je voudrais, une nuit,
Quand l'heure des voluptés sonne,
Vers les splendeurs de ta personne,
Comme un lâche, ramper sans bruit,

An eine allzu fröhliche Frau

Dein Haupt, deine Gebärde und dein Betragen sind schön
wie eine schöne Landschaft; das Lachen spielt in deinem An-
tlitz wie frisch ein Wind in einem klaren Himmel.

Den Kummervollen, den du im Vorübergehen streifst, trifft
blendend die Gesundheit, die als Helle von deinen Armen
und Schultern strahlt.

Die lauten Farben, die du über deine Gewandung streust,
wecken in der Seele des Dichters das Bild eines Blumenbal-
letts.

Diese närrischen Kleider sind das Sinnbild deines bunt-
scheckigen Geistes; Närrin, nach der ich närrisch bin, ich
hasse dich so sehr, wie ich dich liebe!

Manchmal in einem schönen Garten, wohin ich meinen To-
deskampf schleifte, zerriß die Sonne mir wie bittrer Hohn
die Brust;

Der Frühling und das Grün kränkten mein Herz so sehr, daß
ich die Frechheit der Natur an einer Blume strafte.

So auch möchte ich eines Nachts, wenn die Stunde der Wollüste schlägt, zu den Herrlichkeiten deines Leibes wie ein
Feigling lautlos schleichen,

143

Pour châtier ta chair joyeuse,
Pour meurtrir ton sein pardonné,
Et faire à ton flanc étonné
Une blessure large et creuse,

Et, vertigineuse douceur!
A travers ces lèvres nouvelles,
Plus éclatantes et plus belles,
T'infuser mon sang, ô ma sœur[1]!

---

[1] In der der Buchausgabe abgedruckten Variante heißt es: »T'infuser mon venin, ma sœur!« Deshalb dort die Anmerkung: Les juges ont cru découvrir un sens à la fois sanguinaire et obscène dans les deux dernières stances. La gravité du Recueil excluait de pareilles *plaisanteries*. Mais *venin* signifiant spleen ou mélancolie, était une idée trop simple pour des criminalistes.

Que leur interprétation syphilitique leur reste sur la conscience. *(Note de l'éditeur.)*

Um dein frohes Fleisch zu züchtigen, um deine verschonte
Brust zu geißeln und deiner überraschten Flanke eine klaffend tiefe Wunde zu schlagen

Und, süß taumelnder Rausch! durch diese neuen Lippen,
heller und schöner leuchtende, mein Blut dir einzuflößen,
o meine Schwester[1]!

---

[1] Die Richter glaubten in den beiden letzten Vierzeilern eine zugleich mordlüsterne und obszöne Bedeutung zu entdecken. Der Ernst
des Buches schloß derartige *Späße* aus. Daß *venin* hier soviel wie Spleen
oder Schwermut meinen konnte, war für Kriminalisten ein zu einfa-
cher Gedanke.
  Möge ihre syphilitische Auslegung ihnen auf dem Gewissen bleiben.
(Anmerkung des Herausgebers.)

À A.
[RÉVERSIBILITÉ]

Ange plein de gaieté, connaissez-vous l'angoisse,
La honte, les remords, les sanglots, les ennuis,
Et les vagues terreurs de ces affreuses nuits
Qui compriment le cœur comme un papier qu'on
froisse?
Ange plein de gaieté, connaissez-vous l'angoisse?

Ange plein de bonté, connaissez-vous la haine,
Les poings crispés dans l'ombre et les larmes de fiel,
Quand la Vengeance bat son infernal rappel,
Et de nos facultés se fait le capitaine?
Ange plein de bonté, connaissez-vous la haine?

Ange plein de santé, connaissez-vous les Fièvres,
Qui, le long des grands murs de l'hospice blafard,
Comme des prisonniers s'en vont d'un pied traînard,
Cherchant le soleil rare et remuant les lèvres?
Ange plein de santé, connaissez-vous les Fièvres?

Ange plein de beauté, connaissez-vous les rides,
Et la peur de vieillir, et le honteux tourment
De lire la secrète horreur du dévouement
Dans des yeux où longtemps burent nos yeux avides?
Ange plein de beauté, connaissez-vous les rides?

Ange plein de bonheur, de joie et de lumières,
David mourant aurait demandé la santé
Aux émanations de ton corps enchanté;
Mais de toi je n'implore, ange, que tes prières,
Ange plein de bonheur, de joie et de lumières!

An A.
[Stellvertretung]

Engel voll Frohsinn, kennst du die Angst, die Scham, die
Reue, das Schluchzen und den Gram und das ungreifbare
Entsetzen jener grausen Nächte, die das Herz zusammenpressen wie ein Papier, das man zerknittert? Engel voll Frohsinn, kennst du die Angst?

Engel voll Güte, kennst du den Haß, die Fäuste, die sich bal-
len im Finstern, und die Galletränen, wenn die Rachsucht
auf ihrer Höllentrommel die Schlegel rührt und den Befehl
sich anmaßt über unsre Kräfte? Engel voll Güte, kennst du
den Haß?

Engel voll Gesundheit, kennst du die Fieberschauer, die an
den großen Mauern des fahlen Siechenhauses hinschleichen
gleich Gefangenen, schleppenden Fußes den spärlichen Sonnenschein suchend und lautlos die Lippen regend? Engel voll
Gesundheit, kennst du die Fieberschauer?

Engel voll Schönheit, kennst du die Runzeln, und die Angst
zu altern, und jene gräßliche Qual, in Augen, aus denen
unsre Augen lange gierig tranken, die beschämende Qual der
Ergebenheit zu lesen? Engel voll Schönheit, kennst du die
Runzeln?

Engel voll Glück, voll Freude und voll Glanz, David im Sterben hätte Gesundheit von der Frische deines Zauberleibes
sich erfleht; ich aber, Engel, erbitte nur von dir, daß du in
dein Gebet mich schließest, Engel voll Glück, voll Freude
und voll Glanz!

Gustave Courbet
L'atelier du peintre
(Öl, 1855; Ausschnitt: Madame Sabatier
und Charles Baudelaire, lesend)

[Versailles] Montag, 9. Mai 1853

Im Ernst, Madame, ich bitte Sie viel tausendmal um Verzeihung wegen der stupiden anonymen Verseschmiederei, die
so gräßlich kindisch wirkt; aber was tun? Ich bin ein Egoist
wie die Kinder und die Kranken. Ich denke an die geliebten
Menschen, wenn ich leide. Im allgemeinen denke ich an Sie
in Versen, und wenn die Verse einmal dastehen, kann ich der
Versuchung nicht widerstehen, sie dem Menschen zu zeigen,
an den sie gerichtet sind. – Gleichzeitig verberge ich mich
wie einer, der eine panische Angst hat, sich lächerlich zu machen. – Hat die Liebe nicht etwas Urkomisches an sich? –
vor allem für die Unbeteiligten.

Aber ich schwöre Ihnen, daß dies wirklich das letzte Mal
ist, daß ich mich bloßstelle; und wenn meine glühende
Freundschaft für Sie noch einmal so lange dauert, wie sie bereits gedauert hat, werden wir alle beide alt sein, ehe ich Ihnen ein Sterbenswörtchen verraten habe.

So unvernünftig es Ihnen auch erscheinen mag, bedenken
Sie, daß es ein Herz gibt, über das Sie sich nicht ohne Grausamkeit lustig machen können, und in dem Ihr Bild immer-
dar fortlebt.

[CONFESSION]

Une fois, une seule, aimable et bonne femme,
    A mon bras votre bras poli
S'appuya (sur le fond ténébreux de mon âme
    Ce souvenir n'est point pâli);

Il était tard; ainsi qu'une médaille neuve
    La pleine lune s'étalait,
Et la solennité de la nuit, comme un fleuve,
    Sur Paris dormant ruisselait.

Et le long des maisons, sous les portes cochères,
    Des chats passaient furtivement,
L'oreille au guet, ou bien, comme des ombres chères,
    Nous accompagnaient lentement.

Tout à coup, au milieu de l'intimité libre
    Éclose à la pâle clarté,
De vous, bel et sonore instrument où ne vibre
    Que la radieuse gaieté,

De vous, claire et joyeuse ainsi qu'une fanfare
    Dans le matin étincelant,
Une note plaintive, une note bizarre
    S'échappa, tout en chancelant

Comme une enfant chétive, horrible, sombre, immonde,
    Dont sa famille rougirait,
Et qu'elle aurait longtemps, pour la cacher au monde,
    Dans un caveau mise au secret.

Pauvre ange, elle chantait, votre note criarde:
    »Que rien ici-bas n'est certain,
Et que toujours, avec quelque soin qu'il se farde,
    Se trahit l'égoïsme humain;

[BEICHTE]

Ein Mal, ein einziges, du Liebenswürdige und Gute, stützte
auf meinen Arm sich dein blanker Arm (am finstern Grunde
meiner Seele lebt unverblichen die Erinnerung);

Es war spät; wie eine frischgeschlagene Münze stand voll der
Mond am Himmel, und nächtlicher Feierschimmer wie ein
Strom ergoß sich auf das schlummernde Paris.

Und längs den Häusern, unter den Toreinfahrten, huschten
die Katzen mit gespitztem Ohr, oder gleich teuren Schatten
gaben sie langsam uns das Geleit.

Und plötzlich, inmitten der gelösten Vertraulichkeit, die an
der bleichen Helle erblüht war, entrang dir, du schönes und
wohllautendes Instrument, das nur von strahlendem Frohsinn erklingt,

Dir, der Hellen und Heiteren gleich einer Fanfare, schmet-
ternd in funkelnder Frühe, entrang sich klagend eine Note
dir, sehr sonderbar und schwankend

Gleich einem schwachen Kinde, garstig, finster, ekelhaft,
dessen die Eltern sich schämen und das sie seit langem, um
der Welt es zu verheimlichen, in einem Keller versteckt gehalten.

Armer Engel, sie sang, diese kreischende Note: »Wie ist hie-
nieden alles ungewiß, und wie verrät sich immer, ob sie sich
noch so sorglich schminkt, des Menschen Eigensucht;

Que c'est un dur métier que d'être belle femme,
Qu'il ressemble au travail le travail banal
De la danseuse folle et froide qui se pâme
Dans un sourire machinal;

Que bâtir sur les cœurs est une chose sotte;
Que tout craque, amour et beauté,
Jusqu'à ce que l'Oubli les jette dans sa hotte
Pour les rendre à l'Éternité!«

J'ai souvent invoqué cette lune enchantée,
Ce silence et cette langueur,
Cette confidence étrange
Au confessionnal du cœur.

Welch hartes Handwerk, eine schöne Frau zu sein, und welch banale Arbeit, ausgelassen sich und kalt mit aufgesetztem Lächeln im Tanz zu wiegen;

Wie töricht, auf die Herzen zu bauen; denn alles wankt und splittert, Liebe und Schönheit, bis das Vergessen sie in seine Kiepe wirft, der Ewigkeit sie zu erstatten!«

Oft hab ich im Geiste jenen Zaubermond angerufen, jene Stille, jenes Schmachten, jenes seltsame Geständnis, hingeflüstert im Beichtstuhl des Herzens.

Ernest Meissonier
Madame Sabatier
(Öl, 1854)

Die Frauen, Madame, sind sich im allgemeinen wohl gar nicht bewußt, welches Ausmaß ihre Macht hat, im Guten wie im Bösen. Und ohne Zweifel wäre es unvorsichtig, sie alle gleichermaßen darüber aufzuklären. Aber bei Ihnen besteht keine Gefahr: Ihre Seele ist zu reich an Güte, als daß *Selbstgefälligkeit* und Grausamkeit darin Platz fänden. Im übrigen sind Sie ganz ohne Zweifel so sehr mit Schmeicheleien überschüttet und gesättigt worden, daß Ihnen inskünftig nur noch eines schmeicheln kann, nämlich zu erfahren, daß Sie Gutes tun – selbst ohne es zu wissen – sogar im Schlaf – ganz einfach dadurch, daß es Sie gibt.

Was nun die *Feigheit der Anonymität* betrifft – was soll ich Ihnen sagen, welche Entschuldigung soll ich anführen, es sei denn, daß meine erste Verfehlung am Ursprung aller übrigen steht und daß sich die schlechte Gewohnheit eingenistet hat. Nehmen Sie einmal an, wenn Sie mögen, daß ich zuweilen unter dem Druck eines beharrlichen Kummers nur in der Freude, für Sie ein Gedicht zu schreiben, Erleichterung finden kann, und daß ich mich nachher gezwungen sehe, dem unschuldigen Verlangen nachzugeben, es Ihnen zu zeigen, trotz der fürchterlichen Angst, Ihr Mißfallen zu erregen. – Soviel zur Erklärung der *Feigheit*.

Ils marchent devant moi, ces yeux extraordinaires,
Qu'un Ange très-savant a sans doute aimantés;
Ils marchent, ces divins frères qui sont mes frères,
Suspendant mon regard à leurs feux diamantés.

Me sauvant de tout piège et de tout péché grave,
Ils conduisent mes pas dans la route du Beau;
Ils sont mes serviteurs et je suis leur esclave;
Tout mon être obéit à ce vivant flambeau.

Charmants Yeux, vous brillez de la clarté mystique
Qu'ont les cierges brûlant en plein jour; le soleil
Rougit, mais n'éteint pas leur flamme fantastique;

Ils célèbrent la Mort, vous chantez le Réveil;
Vous marchez en chantant le réveil de mon âme,
Astres dont nul soleil ne peut flétrir la flamme!

Die lebendige Fackel

Sie wandern vor mir her, diese ungewöhnlichen Augen, die
mit sehr weiser Kunst gewiß ein Engel zu Magneten machte;
sie wandern, diese Götter-Brüder, die meine Brüder sind,
und mein Blick hängt an ihrem diamantenen Feuer.

Vor jedem Fallstrick, vor jeder schweren Sünde mich erret-
tend, lenken sie meine Schritte auf der Bahn des Schönen;
sie sind meine Diener, und ich bin ihr Knecht; mein ganzes
Wesen ist dieser lebendigen Fackel gehorsam.

Ihr holden Augen, ihr erstrahlt in mystischem Schimmer,
wie Kerzen, die am hellen Tage brennen; die Sonne rötet,
doch sie löscht nicht ihre geisterhafte Flamme;

Sie feiern den Tod, ihr singt das Erwachen; ihr Wandernden
singt das Erwachen meiner Seele, Gestirne, deren Leuchten
keine Sonne trüben kann!

***

Sind Sie nicht mit mir einer Meinung – daß die köstlichste
Schönheit, das vortrefflichste und anbetungswürdigste Geschöpf – Sie selber etwa – sich kein besseres Kompliment
wünschen kann als den Ausdruck der Dankbarkeit für das
Gute, das sie getan hat?

Auguste Clésinger
Buste de Madame Sabatier
(1847)

[Paris,] Donnerstag, 16. Februar 1854

Ich weiß nicht, was die Frauen von den Beweisen der Anbe-
tung halten, mit denen sie manchmal bedacht werden. Es
gibt Leute, die versichern, sie müßten sie ganz selbstverständlich finden, und andere, sie müßten darüber lachen. Sie
nehmen also an, daß sie entweder eitel oder zynisch sind.
Mir aber will scheinen, daß ein edles Gemüt nur Stolz und
Beglückung über sein wohltätiges Wirken empfinden kann.
Ich weiß nicht, ob mir jemals jene höchste Gnade widerfahren wird, Ihnen persönlich sagen zu dürfen, welche Macht
Sie über mich erlangt haben, und welche unablässige Strah-
lung von Ihrem Bild in meinem Inneren ausgeht. Ich bin im
gegenwärtigen Augenblick ganz einfach glücklich, Ihnen erneut zu beteuern, daß keine Liebe je uneigennütziger, idealer
und so völlig von Achtung durchdrungen war als jene, die
ich insgeheim für Sie hege, und die ich allezeit mit jener Sorg-
falt verbergen werde, die mir diese innige Achtung gebietet.

Que diras-tu ce soir, pauvre âme solitaire,
Que diras-tu, mon cœur, cœur autrefois flétri,
A la très-belle, à la très-bonne, à la très-chère,
Dont le regard divin t'a soudain refleuri?

Nous mettrons notre orgueil à chanter ses louanges:
Rien ne vaut la douceur de son autorité;
Sa chair spirituelle a le parfum des Anges,
Et son œil nous revêt d'un habit de clarté.

Que ce soit dans la nuit et dans la solitude,
Que ce soit dans la rue et dans la multitude,
Son fantôme dans l'air danse comme un flambeau.

Parfois il parle et dit: »Je suis belle, et j'ordonne
Que pour l'amour de moi vous n'aimiez que le Beau;
Je suis l'Ange gardien, la Muse et la Madone.«[1]

---

[1] Die gleichen Worte finden sich in einem Brief Baudelaires an eine nicht näher bekannte Marie, die die meisten Kommentare mit Marie Daubrun (Mätresse des Baudelaire Freund Théodore de Banville) gleichsetzen. Es besteht daher der Verdacht, dieses Gedicht möchte älter sein als die Leidenschaft für Madame Sabatier und im Zusammenhang mit dieser sozusagen wieder Verwendung gefunden haben. (Diese und weitere Informationen in der Ausgabe des Hanser-Verlages!)

Was wirst du heute abend, arme einsame Seele, was wirst du, o mein Herz, einst ganz verwelktes Herz, was der Sehr-Schönen, der Sehr-Guten, der Sehr-Lieben, sagen, von deren Götterblick du plötzlich wieder aufgeblüht bist?

Wir setzen unsren Stolz darein, ihr Lob zu singen: nichts gleicht der Süße ihrer Herrschaft über uns; geistig ihr Fleisch haucht Engels-Duft, ihr Auge umkleidet uns mit einem Licht-Gewand.

Ob in Nacht und Einsamkeit, ob auf der Straße in der Menge, immer tanzt ihr Bild wie eine Fackel in der Luft.

Bisweilen spricht es und sagt: »Schön bin ich, und ich befehle, daß mir zu Liebe ihr nur das Schöne liebt; Schutzengel bin ich, Muse und Madonna!«

After a night of pleasure and desolation, all my soul belongs to you.

L' Aube spirituelle

Quand chez les débauchés l'aube blanche et vermeille
Entre en société de l'Idéal rongeur,
Par l'opération d'un mystère vengeur
Dans la bête assoupie un ange se réveille.

Des Cieux Spirituels l'inaccessible azur,
Pour l'homme terrassé qui rêve encore et souffre,
S'ouvre et s'enfonce avec l'attirance du gouffre.
Ainsi, forme divine, Être lucide et pur,

Sur les débris fumeux des stupides orgies
Ton souvenir plus clair, plus rose, plus charmant,
A mes yeux agrandis voltige incessamment.

Le soleil a noirci la flamme des bougies;
Ainsi, toujours vainqueur, ton fantôme est pareil,
Ame resplendissante, l' éternel soleil!

Nach einer Nacht der Lust und der Verzweiflung gehört Ihnen meine ganze Seele.

GEISTIGER MORGEN

Wenn weiß und rosenrot bei den Wüstlingen das Frühlicht eintritt und mit ihm, nagend, das Ideal, dann wacht, als wirke ein rächendes Geheimnis, in dem schlafbetäubten Tier ein Engel auf.

Dem hingestreckten Menschen, der noch träumt und leidet, tut sich der Geistes-Himmel Bläue unerreichbar auf und saugend wie der Abgrund vertieft sie sich. So auch, göttliche Gestalt, du Lichte und du Reine,

Schwebt über den schwelenden Resten dumpfer Orgien heller, rosiger, zauberischer, gaukelnd vor meinen groß aufgetanen Augen, unaufhörlich dein Bild.

Die Sonne hat die Kerzenflammen geschwärzt; so immer sieghaft, strahlende Seele, gleichst du, wo du erscheinst, der ewigen Sonne!

Diese Verse, Madame, sind schon vor langer, vor sehr langer Zeit entstanden. – Immer die gleiche schlechte Gewohnheit, das erträumte Phantasieren und die Anonymität. – Ist die Beschämung wegen der lächerlichen Anonymität oder die Furcht, das Gedicht sei schlecht, und das Können habe nicht der Erhabenheit der Empfindungen entsprochen, der Grund, weshalb ich diesmal so zögerte und so schüchtern war? – Ich habe keine Ahnung. Ich habe solche Angst vor Ihnen, daß ich Ihnen nie meinen Namen genannt habe; denn ich dachte mir, daß eine anonyme Verehrung – die natürlich all den grob-materialistischen und mondänen Klötzen, die wir darüber befragen könnten, nur lächerlich vorkäme –, im Grunde doch ziemlich unschuldig sei – daß sie keine Verwirrung, keinen Unfrieden stiften könne und, moralisch gesehen, unendlich höher stehe als ein direkter Sturm auf eine Frau, deren Zuneigungen festgelegt sind – wie vielleicht auch ihre Pflichten. Sind Sie nicht – und ich sage dies mit einem gewissen Stolz – nicht nur eines der am meisten geliebten – sondern zugleich auch am tiefsten geachteten Geschöpfe? – Ich will Ihnen einen Beweis dafür liefern. – Lachen Sie darüber – schallend, wenn Sie die Lust anwandelt – aber sprechen Sie nicht davon. – Würden Sie es nicht ganz natürlich finden, selbstverständlich und menschlich, wenn ein wirklich verliebter Mann den glücklichen Geliebten haßte, den Besitzenden? – Wenn er ihn minderwertig fände, anstößig? – Nun gut, vor einiger Zeit habe ich zufällig den *Betreffenden* [Mosselmann] kennengelernt; – wie soll ich Ihnen erklären – ohne komisch zu wirken, ohne Ihr boshaftes, immer so fröhliches Gesicht zum Lachen zu reizen –, wie glücklich ich war, einem liebenswürdigen Mann zu begegnen, einem Mann, der Ihnen wohl gefallen mochte. – Du lieber Himmel! Verraten so viele Spitzfindigkeiten nicht meine Unvernunft? – Kurz und gut, um Ihnen mein häufiges Schweigen zu erklären und meine Anwandlungen von Inbrunst, eine beinahe gottesfürchtige Inbrunst, möchte ich Ihnen sagen, daß mein ganzes Wesen besonders lebhaft von Ihnen träumt, wenn es in der schwarzen Nacht seiner angeborenen Schlechtigkeit und Torheit versinkt. Diese begeisternde und reinigende Schwärmerei bringt zumeist einen glücklichen Zufall hervor. – Sie sind für mich nicht nur die anziehendste Frau, die es gibt – aller Frauen –, sondern zugleich auch der liebste und kostbarste aller Fetische. – Ich bin ein Egoist, ich nütze Sie aus. – Da haben Sie mein elendes Geschreibsel! – Wie glücklich wäre ich doch, wenn ich sicher sein dürfte, daß diese hehren Auffassungen der Liebe die geringste Aussicht hätten, in einem geheimen Winkel Ihres wunderbaren Geistes wohlwollende Aufnahme zu finden! – Das werde ich nie erfahren.

A la trés-chere, à la très-belle
Qui remplit mon cœur de clarté,
A l'ange, à l'idole immortelle,
Salut en l'immortalité!

Elle se répand dans ma vie
Comme un air imprégné de sel,
Et dans mon âme inassouvie
Verse le goût de l'éternel.

Sachet toujours frais qui parfume
L'atmosphère d'un cher réduit,
Encensoir toujours plein qui
En secret à travers la nuit,

Comment, amour incorruptible,
T'exprimer avec vérite?
Grain de musc qui gis, invisible,
Au fond de mon éternité!

A la très-bonne, à la très-belle,
Qui m'a versé joie et santé,
Salut en la Vie Eternelle,
En l'Éternelle Volupté!

HYMNUS

Der Sehr-Lieben, der Sehr-Schönen, die mein Herz mit
Klarheit füllt, dem Engel, dem unsterblichen Idol, Heil in
Unsterblichkeit!

Sie durchströmt mein Leben gleich einer salzgetränkten Luft
und gießt in meine ungestillte Seele die Lust am Ewigen.

Stets frisches Kräuterkissen, das ein liebes Versteck mit
Wohlgeruch durchzieht, immer gefülltes Räucherfaß, das
heimlich seinen Weihrauch durch die Nacht schickt,

Wie, unverwesliche Liebe, soll ich der Wahrheit nach dich
aussprechen? Moschuskorn, das unsichtbar am Grunde meiner Ewigkeit ruht!

Der Sehr-Guten, der Sehr-Schönen, die mir Freude und Gesundheit eingeflößt hat, Heil in dem ewigen Leben, in der
Ewigen Wollust!

***

Verzeihen Sie mir; das ist alles, worum ich Sie bitte.

Tout entière

Le Démon, dans ma chambre haute,
Ce matin est venu me voir,
Et, tâchant à me prendre en faute,
Me dit: »Je voudrais bien savoir,

Parmi toutes les belles choses
Dont est fait son enchantement,
Parmi les objets noirs ou roses
Qui composent son corps charmant,

Quel est le plus doux.« – O mon âme!
Tu répondis à l'Abhorré:
»Puisqu'en Elle tout est dictame,
Rien ne peut être préféré.

Lorsque tout me ravit, j'ignore
Si quelque chose me séduit.
Elle éblouit comme l'Aurore
Et console comme la Nuit;

Et l'harmonie est trop exquise,
Qui gouverne tout son beau corps,
Pour que l'impuissante analyse
En note les nombreux accords.

O métamorphose mystique
De tous mes sens fondus en un!
Son haleine fait la musique,
Comme sa voix fait le parfum!«

GANZ UND GAR

Der Dämon kam heut früh in meiner hohen Kammer mich
besuchen, und mich bei einem Fehler zu ertappen, sprach er:
»Ich wüßte gern:

Was unter all den schönen Dingen, mit denen sie bezaubert,
was des Schwarzen oder Rosigen, daraus ihr reizender Leib
gestaltet ist,

Was ist das Süßeste von allem?« – O meine Seele, Antwort
gabst du dem Abscheulichen: »Da in Ihr alles Balsam ist,
kann nichts den Vorrang haben.

Wenn alles mich entzückt, so weiß ich nicht, ob einzeln etwas mich verführt. Sie blendet wie die Morgenröte und trö-
stet wie die Nacht;

Und allzu köstlich ist die Harmonie, die ihren ganzen schönen Leib regiert, als daß ohnmächtig die Zergliederung die
Vielzahl der Akkorde fassen könnte.

O mystische Verwandlung all meiner Sinne, der ganz in eins
verschmolzenen! Ihr Atem haucht Musik, wie ihre Stimme
Duft verströmt!«

HARMONIE DU SOIR

Voici venir les temps où vibrant sur sa tige
Chaque fleur s'évapore ainsi qu'un encensoir;
Les sons et les parfums tournent dans l'air du soir;
Valse mélancolique et langoureux vertige!

Chaque fleur s'évapore ainsi qu'un encensoir;
Le violon frémit comme un cœur qu'on afflige;
Valse mélancolique et langoureux vertige!
Le ciel est triste et beau comme un grand reposoir.

Le violon frémit comme un cœur qu'on afflige,
Un cœur tendre, qui hait le néant vaste et noir!
Le ciel est triste et beau comme un grand reposoir;
Le soleil s'est noyé dans son sang qui se fige.

Un cœur tendre, qui hait le néant vaste et noir,
Du passé lumineux recueille tout vestige!
Le soleil s'est noyé dans son sang qui se fige ...
Ton souvenir en moi luit comme un ostensoir!

HARMONIE DES ABENDS

Nun naht die Zeit, wo bebend auf ihrem Stiel die Blüten alle
sich verhauchen wie ein Weihrauchfaß; Töne und Düfte
kreisen in der Abendluft; schwermütiger Walzer und süchtiger Taumel!

Die Blüten alle verhauchen sich wie ein Weihrauchfaß; die
Geige bebt wie ein Herz, das man betrübt; schwermütiger
Walzer und süchtiger Taumel! Der Himmel ist traurig und
schön wie ein großer Ruhaltar.

Die Geige bebt wie ein Herz, das man betrübt; ein zartes
Herz, dem das Nichts verhaßt ist, das wüst und schwarze!
Der Himmel ist traurig und schön wie ein großer Ruhaltar;
Die Sonne ertrank in ihrem gerinnenden Blut …

Ein zartes Herz, dem das Nichts verhaßt ist, das wüst und
schwarze, sammelt die Trümmer alle der leuchtenden Ver-
gangenheit! Die Sonne ertrank in ihrem gerinnenden Blut …
Dein Bild in mir erstrahlt wie eine Monstranz!

LE FLACON

Il est de forts parfums pour qui toute matière
Est poreuse. On dirait qu'ils pénètrent le verre.
En ouvrant un coffret venu de l'Orient
Dont la serrure grince et rechigne en criant,

Ou dans une maison déserte quelque armoire
Pleine de l'âcre odeur des temps, poudreuse et noire,
Parfois on trouve un vieux flacon qui se souvient,
D'où jaillit toute vive une âme qui revient.

Mille pensers dormaient, chrysalides funèbres,
Frémissant doucement dans les lourdes ténèbres,
Qui dégagent leur aile et prennent leur essor,
Teintés d'azur, glacés de rose, lamés d'or.

Voilà le souvenir enivrant qui voltige
Dans l'air troublé; les yeux se ferment; le Vertige
Saisit l'âme vaincue et la pousse à deux mains
Vers un gouffre obscurci de miasmes humains;

Il la terrasse au bord d'un gouffre séculaire,
Où, Lazare odorant déchirant son suaire,
Se meut dans son réveil le cadavre spectral
D'un vieil amour ranci, charmant et sépulcral.

Ainsi, quand je serai perdu dans la mémoire
Des hommes, dans le coin d'une sinistre armoire
Quand on m'aura jeté, vieux flacon désolé,
Décrépit, poudreux, sale, abject, visqueux, fêlé,

Je serai ton cercueil, aimable pestilence!
Le témoin de ta force et de ta virulence,
Cher poison préparé par les anges! liqueur
Qui me ronge, ô la vie et la mort de mon cœur!

Das Flakon

Starke Wohlgerüche gibt es, für die jeder Stoff durchlässig ist. Sie scheinen durch das Glas zu dringen. Öffnet man einen Schrein, der aus dem Orient kam und dessen Schloß knirscht und sich kreischend sperrt,

Oder in ödem Hause einen Schrank voll beißenden Geruchs der Zeiten, verstaubt und finster, so stößt man wohl mitunter auf ein altes Flakon, das sich erinnert und dem nun, lebendig wiederkehrend, eine Seele entspringt.

Tausend Gedanken schliefen, verpuppt und eingesargt, in den schweren Finsternissen leis erschaudernd; nun recken sie befreit den Flügel und schwingen sich empor, blau überhaucht, mit rosiger Lasur und golddurchwirkt.

Gaukelnd schwebt berauschende Erinnerung in der aufgestörten Luft; die Augen schließen sich; der Schwindel faßt die besiegte Seele und stößt sie mit beiden Händen einem Abgrund zu, aus dem verdüsternd menschliche Miasmen steigen;

Er wirft sie am Rande eines Zeitenabgrunds nieder, wo wie ein Lazarus, der Moderdüfte hauchend sein Laken sprengt, der Leichnam einer alten Liebe erwacht und sich gespenstisch regt: ranzig, reizend und grabesbleich.

So auch, wenn ich in dem Gedächtnis der Menschen einst verloren bin und weggeworfen im Winkel eines finsteren Schrankes liege, ein altes Flakon, trostlos, abgenutzt, verstaubt, verschmutzt, verächtlich, klebrig, geborsten,

Dann werde ich dein Sarg sein, süßer Pesthauch! der Zeuge deiner Kraft und deiner Heftigkeit, du liebes Gift, das die Engel bereitet! Saft, der mich zerfrißt, o du das Leben und der Tod meines Herzens!

Semper eadem

»D'où vous vient, disiez-vous, cette tristesse étrange,
Montant comme la mer sur le roc noir et nu?«
– Quand notre cœur a fait une fois sa vendange,
Vivre est un mal. C'est un secret de tous connu,

Une douleur très-simple et non mystérieuse,
Et, comme votre joie, éclatante pour tous.
Cessez donc de chercher, ô belle curieuse!
Et, bien que votre voix soit douce, taisez-vous!

Taisez-vous, ignorante! âme toujours ravie!
Bouche au rire enfantin! Plus encor que la Vie,
La Mort nous tient souvent par des liens subtils.

Laissez, laissez mon cœur s'enivrer d'un *mensonge*,
Plonger dans vos beaux yeux comme dans un beau songe,
Et sommeiller longtemps à l'ombre de vos cils!

»Woher kommt dir«, sprachst du, »diese seltsame Traurigkeit, ansteigend wie das Meer auf schwarzem, nacktem Fels?«
– Wenn unser Herz einmal seine Lese gehalten hat, ist Leben
nur noch ein Übel. Das ist ein allen offenes Geheimnis,

Ist ein sehr simpler Schmerz, der keineswegs geheimnisvoll,
und der wie deine Freude allen in die Augen springt. Drum
höre auf zu suchen, o schöne Wißbegierige! und mag deine
Stimme noch so sanft sein, schweige!

Schweig, Unwissende! allzeit verzückte Seele! Mund mit
dem Kinderlächeln! Mehr noch als das Leben hält oft der
Tod uns unsichtbar verstrickt.

Lasse, o laß mein Herz an einer *Lüge* sich berauschen, in
deine schönen Augen tauchen wie in einen schönen Traum
und lange schlummern im Schatten deiner Wimpern!

Chère Madame,

Sie haben nicht eine Sekunde lang geglaubt, ich hätte Sie vergessen können, nicht wahr? Sofort bei Erscheinen habe ich Ihnen ein erlesenes Exemplar[1] reserviert, und wenn es in einem Gewand erscheint, das Ihrer unwürdig ist, so trage nicht ich die Schuld, sondern mein Buchbinder, bei dem ich etwas bedeutend Geistvolleres bestellt hatte.

Können Sie sich vorstellen, daß die Schufte (ich meine den Untersuchungsrichter, den Staatsanwalt usw.) sich erfrecht haben, unter anderen Stücken zwei Gedichte in die Anklage einzubeziehen, die ich für mein Idol verfaßt hatte (*Tout entière* und *A Celle qui est trop gaie*)? Ausgerechnet dieses letztere hat der ehrenwerte Sainte-Beuve als das beste des ganzen Bandes bezeichnet.

Heute schreibe ich Ihnen zum ersten Mal mit meinem vollen Namen. Wenn ich nicht von so vielen geschäftlichen Dingen und Briefen bedrängt wäre (übermorgen ist die Gerichtssitzung), würde ich diese Gelegenheit benutzen, um Sie wegen meiner vielen Narrheiten und Kindereien um Verzeihung zu bitten. Aber haben Sie sich, genau besehen, nicht

---

[1] Baudelaire hatte für Madame Sabatier, bei Lortic, einen schmucklosen Halblederband in hellgrünem Maroquin, in der gleichen Art wie für seine Mutter, herstellen lassen. Das Exemplar trägt als Widmung die folgenden, nur mit seinen Initialen unterzeichneten Verse aus den beiden Gedichten *Que diras-tu ce soir ...* und *Le Flambeau vivant*:

A la très Belle, à la très Bonne, à la très Chère.
....
Que ce soit dans la Nuit et dans la Solitude,
Que se ce soit dans la Rue et dans la multitude,
Son fantôme dans l'air danse comme un Flambeau
....
Tout mon Être obéit à ce vivant Flambeau!

schon hinlänglich gerächt, vor allem durch Ihre kleine Schwester[1]? Ach, dieses kleine Ungeheuer! Es hat mich eiskalt überlaufen, als sie mir eines Tages, bei einer zufälligen Begegnung, plötzlich schallend ins Gesicht lachte und sagte: *Sind Sie immer noch in meine Schwester verliebt, und schreiben Sie ihr immer noch so prächtige Briefe?* – Da habe ich begriffen, erstens, daß ich mich nur sehr unzulänglich verbarg, wenn ich mich zu verbergen suchte, und zweitens, daß Sie hinter Ihrem reizenden Gesicht einen wenig christlichen Geist versteckten. Die Schelme sind verliebt, aber die Dichter vergöttern, und Ihre Schwester scheint mir wenig Talent zu besitzen, um die ewigen Dinge zu begreifen.

Erlauben Sie mir deshalb, auf die Gefahr hin, Sie zu erheitern, die Beteuerungen erneut vorzubringen, die jene kleine Närrin so belustigt haben. Denken Sie sich eine Mischung aus verträumtem Phantasieren, Zuneigung und Ehrerbietung, mit tausend höchst ernsthaften Kindereien, und Sie haben so ungefähr eine Ahnung von jenem überaus aufrichtigen Etwas, das genauer zu beschreiben ich nicht fähig bin.

Es ist gar nicht möglich, Sie zu vergessen. Es wird versichert, gewisse Dichter hätten ihr ganzes Leben lang unverwandt den Blick auf ein geliebtes Bild gerichtet. Ich glaube tatsächlich (aber ich bin dabei zu selbstsüchtig), *daß die Treue ein Merkmal des Genies ist.*

Sie sind mehr als nur ein erträumtes und geliebtes Bild, Sie sind mein *Aberglaube.* Wenn ich irgend eine große Dummheit begehe, sage ich mir: *Mein Gott, wenn sie es erführe!* Wenn ich etwas recht gemacht habe, sage ich mir: *Hier ist etwas, das mich ihr näherbringt, – im Geist.*

Und als ich das letztemal (ganz ungewollt) das Glück hatte, Ihnen zu begegnen! denn Sie wissen gar nicht, wie sorgsam ich Sie meide! – da sagte ich mir: Es wäre doch merkwürdig, wenn dieser Wagen sie erwartete, ich sollte vielleicht lieber einen anderen Weg einschlagen. – Und dann: *Bonsoir, Mon-*

---

[12] Apollonies Schwester Adélina-Irma, genannt Bébé.

sieur! mit jener geliebten Stimme, deren Klang bezaubert und zerreißt. Ich bin weitergegangen, und habe mir auf dem ganzen Weg *Bonsoir, Monsieur!* vorgesagt und dabei versucht, Ihre Stimme nachzuahmen.

Am vergangenen Donnerstag habe ich meine Richter gesehen. Ich will nicht behaupten, sie seien nicht schön; sie sind ganz abscheulich häßlich; und ihre Seele gleicht bestimmt ihrem Gesicht.

Flaubert hatte die Kaiserin auf seiner Seite. Mir fehlt eine Frau. Und vor ein paar Tagen hat sich plötzlich der ausgefallene Gedanke meiner bemächtigt, Sie könnten vielleicht durch Beziehungen und auf möglicherweise komplizierten Umwegen einem jener Dickschädel ein vernünftiges Wort eintrichtern.[1]

Der Termin ist übermorgen vormittag, am Donnerstag. Die Ungeheuer heißen:

Präsident	DUPATY
Kaiserlicher Staatsanwalt	PINARD (zu fürchten)[2]
Richter	DELESVAUX DE PONTON D' AMECOURT
	NACQUART

6. Strafkammer.

Ich will alle diese Trivialitäten beiseite lassen.

Vergessen Sie nicht, daß jemand an Sie denkt, daß seine Gedanken niemals trivial sind und daß er Ihnen ob Ihrer schalkhaften *Fröhlichkeit* ein wenig grollt.

---

[1] Madame Sabatier soll daraufhin versucht haben, sich zu einem der höheren Gerichtspräsidenten Zutritt zu verschaffen, was ihr aber nicht gelang.

[2] Ernest Pinard (1822–1909) hatte auch die Anklagerede in dem Prozeß gegen Flaubert gehalten.

Ich bitte Sie flehentlich, in Zukunft alles, was ich Ihnen an-
vertrauen mag, für sich zu behalten. Sie sind mein täglicher
Umgang, und mein Geheimnis. Gerade diese Vertraulichkeit, in der ich seit so langer Zeit mein eigener Gesprächs-
partner bin, hat mich den Mut zu diesem zwanglosen Ton
finden lassen.

Leben Sie wohl, chère Madame, ich küsse Ihre Hände mit
meiner tiefsten Ergebenheit.

Charles Baudelaire

Alle Gedichte von Seite 84 bis Seite 105 gehören Ihnen.[1]

Montag, 24. August 1857

Da Sie den großen Julius[2] so sehr lieben, hier ist er! Dumas[3]
hat beinahe sogleich seine Gipsform hervorgeholt, die er
nach einer Bronzebüste des Museums von Besançon gefertigt
hatte. Es gab nur drei Abgüsse davon. Dieser ist noch der
beste.

Charles Baudelaire

---

[1] In der Ausgabe der *Fleurs du Mal* von 1861 die Nummern XLI bis
XLVIII (S. 132–149) und ferner das Gedicht *A Celle qui est trop gaie*,
das ursprünglich seine Stelle hinter dem Gedicht *Le Flambeau vivant*
hatte.
[2] Julius Caesar.
[3] Alexandre Dumas père (1802-1870).

Heute bin ich ruhiger. Der Einfluß unseres Beisammenseins am Donnerstagabend macht sich stärker geltend. Ich kann Dir sagen, ohne daß Du mich der Übertreibung beschuldigst, daß ich die glücklichste der Frauen bin, daß ich meine Liebe zu Dir niemals tiefer empfunden habe, daß ich Dich niemals schöner gesehen habe, niemals bewunderungswürdiger, mein göttlicher Freund, ganz einfach. Du magst das Rad schlagen, wenn Dir das schmeichelt; aber geh nicht hin und schau, was für ein Gesicht Du machst; niemals wird es Dir gelingen, Dir den Ausdruck zu verleihen, den ich eine Sekunde lang an Dir gesehen habe. Jetzt mag kommen was will, ich werde Dich immer so sehen, das ist der Charles, den ich liebe; Du magst ungestraft Deine Lippen zusammenpressen und Deine Brauen runzeln, ohne daß mich das kümmert; ich werde die Augen schließen und den anderen sehen ...

Ich habe die Flut von Albernheiten, die sich auf meinem Tisch angehäuft hatten, vernichtet. Sie schienen mir nicht ernst genug für Sie, liebe Liebste. – Ich lese Ihre beiden Briefe nochmals durch und schreibe eine neue Antwort.

Dazu brauche ich einigen Mut; denn meine Nerven tun so schrecklich weh, daß ich schreien möchte, und ich bin mit der unerklärlichen seelischen Verstimmung aufgewacht, die ich gestern abend in mir trug, als ich von Ihnen fortging.

... *völliger Mangel an Scham*[1]
Gerade deswegen bist Du mir noch lieber.

Mir scheint, daß ich Dir gehöre, seit ich Dich zum erstenmal erblickt habe. Du kannst damit machen, was Du willst, aber ich gehöre Dir, mit Körper, Geist und Herzen.

Ich rate Dir dringend, diesen Brief ja zu verbergen, Unselige! – *Weißt Du überhaupt, was Du sagst?* Es gibt Leute, die einen ins Gefängnis bringen, wenn man seine Wechsel nicht honoriert, aber keiner bestraft den Bruch der Freundschafts- und Liebesschwüre.

Darum habe ich Dir auch gestern gesagt: Sie werden mich vergessen; Sie werden mich verraten; der Mensch, der Sie erheitert, wird Sie langweilen. – Und heute füge ich hinzu: nur derjenige leidet, der wie ein Narr die Dinge des Gemüts ernst nimmt. – Sie sehen, meine schönste Liebe, ich habe *garstige* Vorurteile gegen die Frauen. – Kurzum, mir fehlt *der Glaube.* – Sie haben eine schöne Seele, aber schließlich ist es eine weibliche Seele.

Sehen Sie nur, wie unsere Situation sich in wenigen Tagen von Grund auf geändert hat. Zunächst sind wir beide von der Angst besessen, einem Biedermann[2] wehzutun, der das Glück hat, immer noch verliebt zu sein.

---

[1] Die Zitate in Baudelaires Brief stammen sämtlich aus dem einen oder anderen dieser beiden (verloren gegangenen) Briefe.
[24] Madame Sabatiers Freund Alfred Mosselman.

Dann haben wir Angst vor unserem eigenen Ungestüm, weil wir wissen (ich vor allem), daß es Bande gibt, die sich nur schwer lösen lassen.

Und schließlich, ja schließlich, warst Du vor ein paar Tagen eine Gottheit, und das ist so bequem und so schön, so unantastbar.

Jetzt bist Du Frau. – Und wenn ich zu meinem Unglück das Recht erwerben sollte, eifersüchtig zu sein! oh! schon der bloße Gedanke läßt mich schaudern! aber bei einer Frau wie Sie, deren Augen allen Leuten mit so viel Lächeln und Gunstbezeigungen begegnen, muß man eine wahre Höllenpein erleiden.

Der zweite Brief trägt ein Siegel, dessen Feierlichkeit mir gefallen könnte, wenn ich ganz sicher wäre, daß Sie sie verstehen. *Never meet or never part!*[1] Das besagt recht eigentlich, es wäre besser, man hätte sich nie kennengelernt, kennt man sich aber nun einmal, sich nicht mehr trennen sollte. Auf einem Abschiedsbrief nähme ein solches Siegel sich sehr hübsch aus.

Nun denn, komme, was kommen mag. Ich bin ein wenig fatalistisch. Aber eines weiß ich genau, nämlich daß mir vor der Leidenschaft graut – weil ich sie kenne, mit allen ihren Schändlichkeiten; – und jetzt wird das geliebte Bild, das alle Wechselfälle des Lebens beherrschte, allzu verführerisch. —

Ich getraue mich nicht recht, diesen Brief nochmals durchzulesen; vielleicht sähe ich mich genötigt, ihn abzuändern; denn ich fürchte sehr, Ihnen Kummer zu bereiten; ich habe den Eindruck, daß ich wohl etwas von der häßlichen Seite meines Wesens habe durchblicken lassen.

Es scheint mir unmöglich, Sie einfach so in die garstige Rue J.-J.-Rousseau[2] gehen zu lassen. Denn ich habe Ihnen

---

[1] Niemals sich begegnen oder niemals voneinander scheiden!
[2] Dort befand sich das Postamt, auf dem postlagernde Briefe abgeholt werden konnten.

noch viele andere Dinge zu sagen. Sie müssen mir also schreiben, um mich Mittel und Wege wissen zu lassen.

Was unseren kleinen Plan betrifft, lassen Sie es mich ein paar Tage vorher wissen, wenn er sich verwirklichen läßt.

Leben Sie wohl, liebe Liebste; ich bin Ihnen ein wenig gram, weil Sie allzu zauberhaft sind. Bedenken Sie doch, daß ich, wenn ich den Duft Ihrer Arme und Ihres Haares mit mir forttrage, auch das Verlangen mitnehme, zu ihnen zurückzukehren. Und das wird dann zur unerträglichen Zwangsvorstellung!

Charles

Ich bringe den Brief jetzt doch selber in die Rue J.-J.-Rousseau, da ich fürchte, Sie könnten heute hingehen. – So ist er früher dort.

Lieber, soll ich Ihnen sagen, was ich denke? Es ist ein grausamer Gedanke, der mir sehr weh tut. Sie lieben mich nicht.
Daher kommen diese Ängste, dieses Zaudern, eine Bindung
einzugehen, die unter solchen Umständen, für Sie eine
Quelle der Unannehmlichkeiten würde, und für mich eine
beständige Marter. Habe ich nicht den Beweis dafür in einem
Satz Ihres Briefes? Er ist so deutlich, daß er mein Blut gefrieren macht. – *Kurzum, mir fehlt der Glaube.* – Sie haben den
Glauben nicht! dann aber fehlt Ihnen die Liebe. Was soll
man dazu sagen? Ist nicht alles sonnenklar? O mein Gott!
was macht dieser Gedanke mich leiden, und wie gerne würde
ich an Deiner Brust mich ausweinen. Mir scheint, das wäre
eine Erleichterung. Wie dem auch sei, ich will an unserem
morgigen Treffen nichts ändern. Ich will Sie sehen, und wäre
es nur, um mich in meine Rolle als Freundin hineinzufin-
den. Ah! warum haben Sie mich wiedersehen wollen?

Ihre sehr unglückliche Freundin

Charles Baudelaire
Brief an die Präsidentin
(6. September 1857?)

[Paris] Sonntag [6. September 1857 (?)]

Da ich das Gefühl habe, daß ich Sie nicht antreffen werde, schreibe ich Ihnen im voraus einige Zeilen.

Gestern bin ich bei Ihnen vorbeigekommen, um Ihnen etwas zu sagen, was Sie bereits wissen und woran Sie keinen Zweifel haben, nämlich daß auch mich immer noch alles, was Ihnen nahegeht, betroffen macht und mir nahegeht.

Ich rechnete eigentlich damit, mit Ihnen und Mosselman zu dinieren, doch war es ein Diner, bei dem die Grazie fehlte. Denn Sie werden doch wohl kaum der Meinung sein, daß der *russische Herr* ein Ersatz für Sie gewesen sei. – Zumindest nicht, was mich betrifft.

Ganz der Ihre.

Tausend Grüße

C.B.

[Paris] Dienstag, 8. September 1857

Liebe Madame,

ich schreibe von Rouvière[1] aus, der mir nur zwei Emporeplätze für die erste Aufführung von *King Lear* (Freitag) anbieten kann. Das tut mir wirklich schrecklich leid, denn ich hatte inständig gehofft, Ihnen Karten für eine Loge schicken zu können. Die Emporeplätze sind jedoch offenbar recht gut, und wenn Monsieur Mosselman mit einem meiner Plätze vorlieb nehmen würde, könnten Sie die Gastfreundschaft von Théophile in Anspruch nehmen, der sicherlich von der Direktion des *Cirque* eine Loge erhält.

---

[1] Philibert Rouvière, von Gautier und Baudelaire verehrter Schauspieler. Er spielte die Rolle des König Lear im Théâtre Impériale du Cirque.

Seien Sie bitte so liebenswürdig, mir eine kurze Antwort zukommen zu lassen. Ich küsse Ihnen ergebenst Ihre königlichen Hände.

Ch. Baudelaire

[Paris,] 10. September 1857

Liebe Madame,

es hat sich ergeben, liebe Madame, daß besagte Aufführung um einen Tag vorverlegt wurde.

Ich verstehe zwar nicht viel von Karten. Doch scheinen mir diese nicht schlecht zu sein. Wenn es Ihnen beliebt, sie in Anspruch zu nehmen, werde ich etwas für mich arrangieren, um auch dorthin gehen zu können; wenn Sie es für wünschenswert halten, daß ich Monsieur Mosselman bei Ihnen abhole, werde ich zu der von Ihnen angegebenen Zeit kommen.

Seien Sie bitte so freundlich, mir eine Antwort durch Boten zukommen zu lassen; denn ich werde erst sehr spät wieder zu Hause sein.

Ganz der Ihre.

Ch. Baudelaire

Liebe Madame,

ich bin leider gezwungen, mich heute des Vergnügens zu berauben, bei Ihnen zu dinieren. Ich stecke bis zum Hals in unangenehmen Angelegenheiten, die sogar noch den Sonntagabend in Beschlag nehmen. Zudem haben einige Mißgeschicke, die ich nicht verdient habe, meinen Geist mit schwarzen Gedanken gefüllt, sodaß ich ein jammervoller Gast wäre, ein noch jammervollerer als gewöhnlich, obschon ich ja nie wirklich fröhlich bin.

Dennoch werde ich wohl noch kurz vorbeikommen können, um Ihnen und auch unseren lieben Freunden einen schönen Abend zu wünschen.

Ich bitte Sie mir meine aufrichtigen Entschuldigungen nicht falsch auszulegen.

Grüßen Sie bitte alle von mir.

Charles Baudelaire

Welche Komödie oder vielmehr welches Drama spielen wir? Denn ich weiß nicht mehr, was ich denken soll, und ich will Ihnen nicht verhehlen, daß ich sehr unruhig bin. Ihr Betragen ist so befremdend, seit einigen Tagen, daß ich nichts davon begreife. Das ist zu fein gesponnen für einen Tölpel wie mich. Stecken Sie mir ein Licht auf, mein Freund, ich will ja nicht mehr als es begreifen. Welch tödlicher Frost hat diese schöne Flamme angehaucht? Ist dies nur die Wirkung weiser Überlegungen? Das kommt ein wenig spät. Ach! ist dies nicht alles meine Schuld? Ich hätte ernst und bedachtsam sein sollen, als Sie zu mir kamen. Doch was wollen Sie? Wenn der Mund bebt und das Herz pocht, fliegen die gesunden Gedanken davon ...

Eben kommt Ihr Brief. Ich brauche Ihnen nicht zu sagen, daß ich auf seinen Inhalt gefaßt war. So werden wir nur das Vergnügen haben, Sie auf einige Augenblicke bei uns zu sehen! Sehr wohl, ganz wie es Ihnen beliebt. Es ist nicht meine Gewohnheit, was meine Freunde tun, schlecht zu finden. Sie scheinen eine schreckliche Angst davor zu haben, mit mir allein zusammen zu sein. Und das wäre doch so notwendig! Nun, Sie werden es damit halten, wie Sie wollen. Wenn diese Laune vergangen sein wird, schreiben Sie mir oder kommen Sie. Ich bin nachsichtig, ich werde Ihnen den Schmerz verzeihen, den Sir mir antun.

Ich kann dem Verlangen nicht widerstehen, Ihnen ein paar Worte über unser Zerwürfnis zu sagen. Dabei hatte ich mir eine würdevolle Haltung vorgeschrieben, und es ist noch kein ganzer Tag vergangen, da fehlt meinem Herzen schon die Kraft, und mein Zorn, Charles, war so sehr gerechtfertigt. Was soll ich denken, wenn ich Dich meine Zärtlichkeiten fliehen sehe, es sei denn, daß Du an die andere denkst, deren schwarze Seele und schwarzes Gesicht sich zwischen uns drängen? Kurzum, ich fühle mich gedemütigt und erniedrigt. Besäße ich nicht genügend Selbstachtung, ich würde

189

Charles Baudelaire
Jeanne Duval
(um 1865)

Dich beschimpfen. Ich wollte Dich leiden sehen. Denn die Eifersucht kocht in mir, und in solchen Augenblicken ist man keiner vernünftigen Überlegung fähig. Ach! lieber Freund, mögen Sie von solchen Leiden immer verschont bleiben. Was für eine Nacht habe ich verbracht, und wie habe ich diese grausame Liebe verflucht!

Den ganzen Tag über habe ich Sie erwartet ... Falls Sie morgen die Lust anwandeln sollte, mich aufzusuchen, so muß ich Ihnen sagen, daß ich außer zwischen eins und drei oder, abends, von acht bis Mitternacht niemals zu Hause sein werde.

Bonjour, mon Charles. Wie geht es dem, was Ihnen an Herz geblieben ist. Das meine ist ruhiger. Ich rede ihm nachdrücklich zu, um Sie nicht zu sehr mit seinen Schwächen zu langweilen. Sie werden sehen! Es wird mir gelingen, es auf die Temperatur hinabzuzwingen, die Ihnen vorschwebte. Gewiß, ich werde leiden, aber Ihnen zu Gefallen will ich mich mit allen erdenklichen Schmerzen abfinden.

[Paris,] Freitag, 25. Sept[ember] 1857

Liebste Freundin,

ich habe gestern eine riesige Dummheit begangen. Da ich weiß, daß Sie alten Krimskrams und Nippes lieben, hatte ich schon seit langem ein Tintenfaß im Auge, von dem ich annahm, daß es Ihnen gefallen könnte. Aber ich wagte nicht, es Ihnen zu schicken. Da nun ein Freund von mir Anstalten machte, es zu erstehen, habe ich doch zugegriffen. Aber stellen Sie sich meine Enttäuschung vor, als ich ein abgenutztes, angeschlagenes, verkratztes Ding in Händen hielt, das doch hinter der Schaufensterscheibe so schön ausgesehen hatte.

Was nun also die große Dummheit betrifft, hier ist sie: ich habe dem Händler weder meine Karte noch ein Wort für Sie hinterlassen, so daß das Ding Ihnen wie ein Mysterium erscheinen mußte: ich bin der Schuldige. Verdächtigen Sie also niemand anderen. Erst heute abend habe ich über meine Dummheit nachgedacht.

Glauben Sie an die herzlichen Gefühle Ihres sehr ergebenen Freundes und Dieners.

Ch. Baudelaire

[Paris, September-November 1857 (?)]

Sollte ich nicht das Vergnügen habe, Sie anzutreffen, lasse ich Ihnen als kleine Aufmerksamkeit diese Bücher da, von denen ich gerne hätte, daß Sie sie lesen würden. Ich habe sie von einem Freund von mir ausgeliehen.

Von ganzem der Ihre.

C.B.

[Paris,] 17. Nov[ember 18]57

Liebste Freundin,

ich hatte heute vor, Sie um die Erlaubnis zu bitten, Ihnen einen dieser heilsamen Besuche abstatten zu dürfen, bei denen Sie, ohne daß Sie sich dessen bewußt sind, die göttliche Rolle eines Arztes einnehmen. Aber soeben ist ein hochoffizieller Monsieur mit einem Brief vom Minister vorbeigekommen, der mich heute noch sehen will.[1] Das paßt mir gar nicht und verärgert mich.

---

[1] Einer Reduzierung des Strafmaßes wegen.

Ich habe wirklich keine Idee, wann ich wieder in den Genuß Ihrer Sonntage kommen kann, denn ich habe gerade jene *tour de force* begonnen, derer ich nur selten fähig bin.

Ich schicke Ihnen die Bücher, von denen ich mir wünschte, daß Sie sie lesen würden. *L'Ensorcelée* ist von weit höherem Niveau als *La Vieille Maîtresse.*[1] Aber da ich das Pech habe, mit Ihnen nur selten einer Meinung zu sein, fürchte ich, daß Sie meine Begeisterung nicht teilen werden – eine zugegebenermaßen alte Begeisterung, die ich noch einmal überprüfen werde, wenn Sie die Bücher durchgelesen haben.

Viele Grüße an Monsieur Mosselman.

Ihr sehr ergebener

Ch. Baudelaire

[Paris,] Sonntag, 3. Januar [18]58

Mögen Sie mir verzeihen, daß ich heute abend nicht zu dieser schönen Zusammenkunft kommen werde. Abgesehen davon, daß ich wenig fröhlich bin, fühle ich mich auch erschöpft, da ich den ganzen Tag mit Reisevorbereitungen zubrachte. Ich werde in Alençon Zwischenstation machen und mir dann vielleicht mein zukünftiges Domizil[2] am Meer anschauen.

Richten Sie bitte Théophile und Mosselman meine herzlichsten Grüße aus und sagen Sie Flaubert, daß er von mir hören wird.

Ihr sehr ergebener

Ch. Baudelaire

---

[1] Der Autor dieser Bücher ist Barbey d'Aurevilly.
[2] Das Maison-joujou in Honfleur.

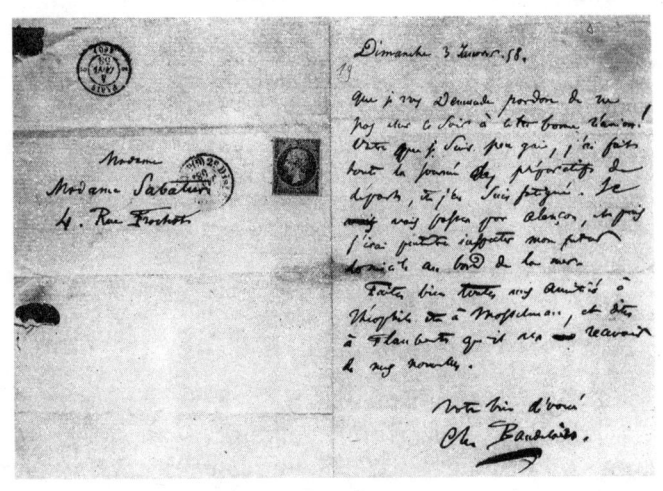

Charles Baudelaire
Brief an die Präsidentin
(3. Januar 1858)

Schade! Ihr Brief kam oder wurde mir vielmehr erst übergeben, als ich um 3 Uhr nach Hause kam.

Aber um die Wahrheit zu sagen, selbst wenn ich ihn schon gestern erhalten hätte, glaube ich nicht, daß ich es hätte möglich machen können. Ich kenne dort nur Rouvière, den ich allerdings schon seit langem nicht mehr gesehen habe, und ich weiß, daß Herr Billion[1] seinen Schauspielern gegenüber schrecklich geizig ist.

Seien Sie mir deswegen nicht zu böse, ich bitte Sie darum.

C.B.

Rouvière hat offensichtlich nur ein oder zwei Sperrsitzkarten erhalten.

[12. Januar (?) 1858]

[...]Sind Sie fröhlicher und nimmt das Drama Gestalt an? Ich befürchte, Teuerster, daß Sie nur sehr wenig arbeiten, und das wäre für die Öffentlichkeit sehr ärgerlich und unglücklicherweise auch für Sie, denn ich glaube in dem Projekt, das Sie mir erläuterten, durchaus Elemente für einen Erfolg zu erkennen. Ich bin überzeugt, daß Sie es in weniger als vierzehn Tagen etwas konsequenter Arbeit zu Ende gebracht hätten. Aber bah! Sie tun überhaupt nichts. Zunächst wäre es hierfür notwendig, auf das Opium zu verzichten, auf all die phantastischen Ideen, die Ihnen im Kopf herumspuken und die Sie bei jedem Schritt behindern. Aber ich vergeude meine Zeit und meine Energie, indem ich zu Ihnen

---

[1] Billion war Direktor des Théâtre des Funambules.

predige; da Sie ja ohnehin nur das tun werden, was Ihnen ge-
fällt, habe ich auch keine allzu großen Gewissensbisse wegen
meiner kleinen Moralpredigt. Nachdem dies nun gesagt ist,
möchte ich Sie noch wissen lassen, daß Sie jederzeit, wenn
Ihnen der Sinn gerade danach steht, mich zu sehen, bei mir
vorbeikommen können, um mir › Guten Tag ‹ zu sagen.

Ihre Freundin

[Paris] Dienstag, 12. Jan[uar 18]58

Liebe Freundin,

ja, das bin wirklich ich gewesen, den Mosselman gesehen hat,
er hat mich in einem bedauernswerten Zustand angetroffen,
als ich gerade verzweifelt nach einem Wagen suchte. Kaum
war es mir gelungen, meine Erstickungsanfälle erfolgreich
mit Ätherkapseln und meine Magenkoliken mit Opium zu
bekämpfen, als ein neues Leiden sich meiner bemächtigte.
Ich vermag nur noch mit großer Anstrengung zu gehen; eine
Treppe allein hinunterzusteigen, ist eine große Affäre. Und
zu allem Unglück habe ich zur Zeit eine Unzahl von Ein-
käufen und Angelegenheiten zu erledigen. Ich brauche Ihnen wohl kaum zu sagen, daß das Lächerliche, das dem Leiden anhaftet, mir noch mehr wehtut als der Schmerz.
    In einigen Tagen werde ich Sie besuchen, – doch in jedem
Fall nur dann, wenn ich nicht mehr hinke und in fröhlicher
Stimmung bin; Sie kennen meine Prinzipien.
    Mir ist in einer Sache, die Sie betrifft, ein Mißgeschick un-
terlaufen, das ich Ihnen gestehen möchte, denn es ist nicht
wiedergutzumachen. – Ich hatte gegen Ende des Monats
zwei Fächer oder vielmehr zwei sehr schön bemalte *Empire-
Modelle* von Fächern ins Auge gefaßt, einen davon mit dem

Gemälde *Thésée et Hippolyte* von Guèrin[1] – ich hatte vor, sie Ihnen zu schenken, da ich Ihre Begeisterung für die Dinge dieser Epoche kenne. Aber ich befand mich in dem falschen Glauben, daß kein anderer die gleichen Ideen wie ich hat, und daß die Dinge ewiglich in den Geschäften auf mich warten müssen. Bei meiner Rückkehr waren sie verschwunden.

Ich danke Ihnen von ganzem Herzen für die hervorragenden literarischen Ratschläge, die Sie mir zukommen ließen.

Sie sind hervorragend (einzelnd und auch allgemein), vor allem, weil sie aus einem schätzenswerten Herzen kommen, aber ich versichere Ihnen, daß sie zum augenblicklichen Zeitpunkt nicht das Richtige sind. Bevor ich mich endgültig niederlasse, ist es notwendig, daß ich mich von all dem befreie, was ich dort nicht werde tun können.

Grüße an Mosselman.

All yours.

Ch. Baudelaire

[Paris] 22. Januar 1858

»Es gibt Tage und Stunden der Niedergeschlagenheit, in denen alle menschlichen Dinge mißlingen ... ich habe mir in den Kopf gesetzt, nur dann zu Ihnen zu gehen, wenn ich fröhlich bin und wenn ich Bedeutendes geleistet habe usw. ...«[2]

---

[1] Pierre-Narcisse Guérin, französischer Maler.
[2] Dieser Brief Baudelaires an Madame Sabatier, als »charmant billet« angekündigt, erschien als Nr. 809 im Katalog der Auktion Drouout, die am 20. Februar 1928 stattfand. Der genaue Inhalt ist nicht bekannt.

Hier ist also, liebe Freundin, das kleine Buch[1], von dem ich Ihnen erzählt habe und das Sie amüsieren wird, da bin ich ganz sicher.

Wie unfreundlich ist es doch von Ihnen gewesen, mir nicht einmal die Zeit zu lassen, Ihnen für all die Freude zu danken, die ich am Sonntag und gestern bei Ihnen empfangen habe!

Ihre außergewöhnliche Madame Nieri[2] hat, als sie sich von mir verabschiedete, eine für eine Ausländerin typische Kinderei begangen. Bevor ich noch Zeit hatte, dem Kutscher meine Adresse zu geben, machte sie Anstalten zu zahlen, und als ich mich erzürnte, sagte sie mir: zu spät! schon erledigt! – und dann stürmte sie, sie und ihre Röcke, mit einer Schnelligkeit, die genauso außergewöhnlich war wie sie selbst, die Eingangstreppe zum Hotel hinauf.

Ganz der Ihre; – ich umarme Sie wie einen *sehr guten Kameraden,* dem ich für immer herzlich zugetan bin. (Das Wort *Kamerad* ist eine Lüge; es ist zu vulgär und nicht zart genug.)

C.B.

---

[1] Eventuell handelt es sich bei diesem Buch um die *Aventures d'Arthur Gordon Pym,* die Baudelaire übersetzt hat.

[2] Louise Neri de Silva (1826–1889) war eine Freundin von Madame Sabatier und inspirierte Baudelaire zu dem Sonett Sisina. Am Rand des Manuskripts merkte Baudelaire an: »Das ist die Dame, die Van-Swieten-Wasser auf das Wohl von Orsini trinkt.«

Allerliebste Freundin,

das ist nun wirklich Pech; ich habe Ihnen gestern nicht ge-
antwortet, da ich sicher war, heute abend zu Ihnen zu kommen, und heute, wie an so vielen anderen Sonntagen, ist mir
so viel Ärgerliches widerfahren, daß ich mich wie ein wildes
Tier einsperren werde. Bald ist es die Müdigkeit, das Bedürfnis, mich gleich schlafen zu legen, bald ist es eine Arbeit.
Letzten Sonntag war es (lachen Sie nicht und behalten Sie,
was ich Ihnen ins Ohr flüstere, für sich) die schreckliche
Angst, mit Feydeau über seinen neuen Roman reden zu müssen.

Wenn Sie glauben, ich würde nie an Sie denken, täuschen
Sie sich sehr. – Und ich würde es Ihnen häufiger sagen, wenn
Sie mir nicht so häßliche Augen machen würden. Gestern
wollte ich Ihnen ein Album[1] vorbeibringen, das ich für Sie
zurücklegen ließ; aber ich habe es dann doch vorgezogen,
noch etwas zu warten und weitere Drucke anfertigen zu lassen. *Ich fand sie nicht schön genug.* Entweder machen wir einen neuen Druck, oder wir suchen die besten aus einer früheren Auflage heraus.

Tun Sie mir bitte den großen Gefallen und sagen Christo-
phe heute abend, daß er unbedingt am Montagabend, also
morgen, zum Abendessen zu mir ins *Hôtel de Dieppe*
kommt. Es ist sehr wichtig.

Wußten Sie schon, daß die glücklose Senora Martinez[2]
durch die Künstlercafés tingelt und vor einigen Tagen im *Al-
cazar* gesungen hat?

Ich bin so unglücklich und so niedergeschlagen, daß ich

---

[1] von Meryon.
[2] Maria del Loreto Martinez, geboren in Havanna, war als Schauspielerin sehr erfolgreich. Théophile Gautier schrieb für sie das Stück *Le
Négresse et le Pacha.*

jede Zerstreuung fliehe. Ich habe kürzlich sogar eine liebenswürdige Einladung von Wagner ausgeschlagen, obwohl ich
ihn sehr gern kennengelernt hätte. Ich werde Ihnen später erzählen, was es damit alles auf sich hat.

Ich umarme Sie, mit Ihrer Erlaubnis, sehr herzlich.

C.B.

[Paris] 4. März 1860

Wenn ich Ihnen sage, daß ich schrecklichen Kummer habe;
daß mir noch nie solches Unheil widerfahren ist; daß ich
dringend Einsamkeit brauche, werden Sie mir nicht glauben.
Wenn ich Ihnen aber sage, daß meine Nase geschwollen, dick
und rot wie ein Apfel ist, und ich aus diesem Grund nicht
einmal Männer sehen möchte (und erst recht keine Frauen),
dann werden Sie mir glauben, davon bin ich überzeugt.

Die eigentliche Schwierigkeit schien schon aus dem Weg
geräumt. Ich habe nämlich Feydeau getroffen, der natürlich
eine so schöne Gelegenheit, Neues über sich zu hören und
selbst von sich zu reden, nicht auslassen konnte. Glückli-
cherweise hatte ich mich, da ich so etwas schon kommen sah,
im stillen darauf vorbereitet. Ich nahm meinen ganzen Mut
zusammen und sagte ihm: Ihr Werk ist sublim usw.; aber
usw. Er zeigte mir sehr deutlich, daß ihm gegenüber jedes
aber falsch am Platz ist. Können Sie verstehen, daß er mich,
ehrlich gesagt, sogar in größere Verlegenheit bringt als V.
Hugo, und daß es mir weniger ausmachen würde, zu Hugo
zu sagen: *Sie sind blöd* als zu Feydeau: *Sie sind nicht immer
sublim?* – Und dann, am Abend, (das gehört auch zu den Un-
glücken, die ich erleiden mußte) hat sich, inmitten einer
Menschenmenge, wo ich mich in Sicherheit glaubte, *ein
Jude,* den Sie auch kennen, Monsieur Heilbuth, an mich ge-
klammert und mir mit solcher Hartnäckigkeit Vorträge

über Künstlerateliers gehalten, daß ich das Gefühl hatte, ich würde ohnmächtig werden oder mich auf ihn stürzen.

Sie sehen, daß mir mit Ihnen das Spotten großen Spaß macht. Wenn es wahr ist, daß man seinen Komplizen immer etwas zukommen lassen muß, was einen verbindet, dann würde ich Ihnen recht viel Schlechtes über alle Leute sagen, *nur um mich nie mehr von Ihnen trennen zu können.*

Ich freue mich, daß Ihnen der Satz über Ihre Augen aufgefallen ist. Es ist wirklich so, daß sie sehr häßlich sind (sobald Sie es wollen).

Ich habe ernstlich die Hoffnung, daß sich mir nun fröhlichere Horizonte auftun werden und daß ich Sie in der kommenden Woche persönlich um Verzeihung bitten kann, den Eindruck erweckt zu haben, als hätte ich Sie vergessen. Ich werde dann auch sicher das Album mitbringen.

Von ganzem Herzen der Ihre.

C.B.

Beiliegende 8 Francs sind jene, die ich allzu lang vergessen habe: der Wagen.

III.

»Ich küsse Ihre Hände«

Gustave Flauberts *Maréchale*

Gustave Flaubert (1821–1880)
Photographie von Nadar

[Paris, 1. März 1856]¹

Liebe und schöne Präsidentin,

Bouilhet² ist vorübergehend in einem Hotel abgestiegen –
ich weiß jedoch nicht, in welchem.

Ich werde Besagten morgen nachmittag treffen, aber wir
werden nicht zu Ihnen zum Diner kommen können. Wir
werden bei meiner Mutter zu Abend essen.

Ich leide unter schrecklichem Halsweh und habe überhaupt keine Stimme mehr.

Ich habe gerade noch die Kraft mich auf Ihre Stiefelchen
zu stürzen, um sie mit Küssen zu bedecken.

Ihr nichtswürdiger Sklave.

[Paris] Montag morgen [3. März 1856]

Liebe Präsidentin,

verzeihen Sie mir. Aber ich bin völlig durcheinander wegen
eines schrecklichen Traumes, den ich heute Nacht hatte und
in dem auch Sie vorkommen.

Wenn Sie sich für heute irgendetwas Wichtiges vorgenommen haben, tun Sie es nicht. Verschieben Sie es.

Ich habe ein dunkles Gefühl von Angst, das mir dieser ver-
fluchte Traum eingeflößt hat.

Wenn ich nicht vollständig heiser wäre, würde ich zu Ihnen kommen, um Ihnen diesen Traum zu erzählen. Doch
meine Heiserkeit droht schreckliche Ausmaße anzunehmen.

---

¹ Brief ohne Datum: Datierung (aufgrund der Halsschmerzen Flau-
berts) nach Jean Bruneau; vergleiche Gustave Flaubert: *Correspondance*. Tome II. Paris 1980.
² Louis Bouilhet (1822–1869), Schriftsteller.

Ich flehe Sie an, mir meine Kinderei zu verzeihen. Indem ich Ihnen schreibe, gebe ich einer unbezwingbaren Eingebung nach.

Geben Sie heute acht auf sich. Ich küsse ihre Hände. Der Ihre.

[3. März 1856]

Traum[1]: Alte, Hut, Präsidentin

Ich lag in einem goldenen Louis XIV-Bett mit goldenen Säulen, dessen vier Ecken mit Straußenfedern verziert waren. Obwohl kein Wind ging, bewegten sich die Federn hin und her. Aller Dekor verschwand, und ich lag ausgestreckt auf einer einfachen Matratze. Plötzlich stand, ich weiß nicht, wie sie dahingekommen war, eine abscheuerregende alte Frau neben mir, mit geröteten Lidern, ohne Wimpern und Augenbrauen. Ein Tränenschleier, der wie ein über Rollen hochgezogener, hauchdünner Vorhang auf und ab ging, bedeckte ihre funkelnden Pupillen. Durch einen bloßen Akt ihres Willens hielt sie mich wie festgenagelt auf dem Bett.

Zu meinen Füßen, außerhalb des Betts, quer über dem Boden, wie die Hunde, die man auf Gräbern sieht, war (oder vielmehr spürte ich) meine Mutter, deren Anwesenheit mir Schutz bot. Ich sah sie nicht, doch ich fühlte sie.

Und die Alte schaute mich unverwandt an. Ich versuchte, nicht einzuschlafen, ich war todmüde und hatte das Gefühl, daß es mein Ende wäre, wenn der Schlaf mich übermannen würde; daß die Alte sich auf mich stürzen würde. Um eine Berührung mit ihr zu vermeiden (obwohl das Bett sehr groß war), kauerte ich mich auf der Seite liegend zusammen, die

---

[1] Erstmals veröffentlicht in: *Candide,* 2. September 1932. Wieder in: *Mercure de France,* Januar 1964, S. 97–102 in: Flaubert: *Correspondance,* Tome II, S. 606–609.

Knie an mein Kinn gepreßt. Aber dennoch spürte ich die Spitze ihres Nagels, des spitzen Nagels ihres großen Zehs, und auch die Schwielen an der Ferse ihres andren Fußes. Es war grauenhaft! Und immer hatte ich ihre roten, schrecklichen, geilen Augen vor mir.

Sie brummelte jene Worte von Saint-Amant vor sich hin, die Gautier am Abend vorher aus dem Stück vom Käse[1] mehrmals zitiert hatte:

»Cadenas Cambois, Coufignon.«

Ich fühlte mich in unbestimmter Richtung hinweggeführt, so wie wenn man im Zug oder in der Postkutsche vor sich hinschlummert; es ging sehr schnell, in gleichförmiger, sanfter Bewegung, und ich bemerkte überhaupt keinen *locomoteur*, noch sonst irgendetwas außer der Alten und den Bettüchern, in die ich eingewickelt war und die unendlich lang waren, die nicht zu enden schienen.

Ich bin eingeschlafen, dann wieder aufgewacht, und da sagte die Alte (mit nackter Brust!) zu mir – »Als du geschlafen hast, habe ich deine linke Brust gesehen, deinen linken Busen, deinen winzigen Busen«, und sie stach mit ihrem ausgestreckten Finger wie mit einer Nadel nach mir, indem sie wieder und immer wieder jene Worte wiederholte: »Cadenas Camouis, Coufignon.«

Ich glaubte, krepieren zu müssen! und noch nie in meinem ganzen Leben habe ich eine solche Höllenangst ausgestanden. Dann streckte sie mir ihre riesige Zunge heraus (wenn es denn eine war), die sich wie eine riesige Schlange wand: sie war grün und mit Schuppen bedeckt.

---

[1] Anspielung auf das Stück *Le Fromage* von Saint-Amant. Die Ausdrücke, die üble Gerüche bezeichnen sollen, stammen jedoch nicht aus *Le Fromage*, sondern aus *Le Cantal:*
  Gousset, écafignon, faguenas, cambouis
  Qui formez ce présent que mes yeux réjoui...
  (Saint-Amant, *Œuvres*. Hg. von Jean Lagny. Paris 1967)

Die bedrückende Nähe dieser Alten hatte auf mich die gleiche Wirkung, die ein Kellerfenster in einem feuchten Keller auf einen hat. Von ihrer ganzen Person ging ein eisiger Luftstrom aus, und ich zitterte ebenso vor Kälte wie vor Entsetzen.

Und was folgte dann?

Wir befanden uns im Salon der Präsidentin, an den gleichen Plätzen, die wir am Abend zuvor, am 2. März, eingenommen hatten. Keiner sprach ein Wort, alle waren wir bedrückt und litten unter der Hitze. »Öffnen Sie die Fenster«, sagte jemand.

Und die Lichter des Salons wanderten durch die Luft nach draußen, ohne daß ein Arm sie berührt hätte, und doch waren wir weiter hell erleuchtet, obwohl niemand andere geholt hatte.

Die Lampen der verschwundenen Kronleuchter blinkten in der Nacht wie kleine Sterne auf den Laubspitzen. Denn unter den geöffneten Fenstern befand sich ein sehr großer und sehr schattiger Garten.

Die Hitze aber war so drückend wie in einem türkischen Bad geworden. Der Duft von Seringa und Orangenbäumen drang zu uns herein, dann trieb der Wind uns nach und nach laue Wolken anderer Gerüche zu, die ich jedoch nicht kannte.

Und die Traurigkeit aller verstärkte sich noch, besonders die der Präsidentin.

Sie trug das gleiche violette Kleid wie gestern abend, und sie ließ ihren Kopf hängen und starrte, zutiefst niedergeschlagen, in den Kamin, in dem kein Feuer brannte.

»Was hat sie nur, die arme Präsidentin?«

Hierauf folgte etwas Konfuses, was meiner Meinung nach im Traum ebenso verwirrend war. Es war etwas wie »Sie wird heiraten« und »Sie wird eine lange Reise machen, wir werden sie nie mehr wiedersehen«, und dann ist ihr violettes Kleid unmerklich schwarz geworden (ein Trauerkleid) das ist uns seltsam erschienen, denn sie hatte sich nicht von ihrem Platz gerührt. Darauf schauten wir uns an, wir trugen plötzlich alle Leichenträgerkleidung, die uns gewachsen war – gewachsen ist durchaus der richtige Ausdruck – denn der Samt unserer Ärmelaufschläge *lebte*.

Der Duft der Orangenbäume war so stark geworden, daß wir alle beinahe daran gestorben wären. Dicke Schweißtropfen liefen an den Wänden herunter; die Vergoldung der Kronleuchter fiel wie Schneeflocken zu Boden.

Die Präsidentin betrachtete uns mit eigenartigem Gesichtsausdruck, sentimental, maßlos. [Maxime] Du Camp fing an zu lachen. Sie bat ihn um eine Erklärung, doch er stieß einen Schrei aus, da ihm ein Nagel des Parkettbodens durch seinen Schuh in den Fuß gedrungen war.

Ich wollte aufbrechen und ging meinen Hut holen, den ich auf das zweite Regal der Konsole gelegt hatte, die sich zwischen den beiden Türen befindet; da ich ihn nicht fand, nahm ich einen anderen.

Als ich ihn aufsetzen wollte, merkte ich, daß er kein Futter mehr hatte, daß sein Inneres von hinten aufgeschnitten und wie von Ratten zerfressen war.

———————

Dann folgte ein großes Durcheinander von Hüten, Geschrei und Gezeter. Jeder fand seinen Hut genauso zerfetzt vor. Zu jenem Zeitpunkt waren wir mehr Leute als zu Beginn des Abends. Schließlich habe ich meinen Hut genau auf dem Platz gefunden, wo ich ihn hingelegt hatte (wie in Wirklichkeit am Vorabend), doch hing darüber ein kleiner Strohhut – aus schwarzem Stroh – der von uns zum Scharade spielen verwendet worden war. Ich hatte sie beide vom Brett gezogen, um bequemer an meinen zu kommen.

Jedoch wurde es mir unmöglich, den Strohhut von dem meinen abzuziehen. Ich hatte nicht die Kraft dazu, er wog fünfhunderttausend Pfund.

Dann haben es die anderen versucht, Anstrengungen gemacht. Unmöglich. Und nachdem es alle vergeblich probiert hatten, waren wir bestürzt und erschreckt, zutiefst erschreckt. Dann sind wir in Schweigen verharrt.

Beide Flügel der Eßzimmertür des Salons öffneten sich und La Rounat[1] trat in Trauer, einen Trauerflor um den Arm, ein und sagte: »Ich bringe Ihnen jemanden mit.« Es war sein Vater. Ich erinnere mich aber nicht mehr an ihn. Darauf traten nacheinander und in *chronologischer Ordnung* alle uns nahen Personen (verstorbene Anverwandte) ein, versuchten es ebenfalls und mußten auch aufgeben. Als der Salon zu voll wurde, rückten die Schatten dicht zusammen, und die einen schoben sich *in* die anderen wie Karten, die man mischt.

Es folgte etwas, woran ich mich nicht mehr erinnere, doch als ich aufgewacht bin, befand ich mich in einer elenden Verfassung, und es war mir schrecklich übel.

Vor acht Jahren, am 3. April, nicht am 3. März, hatte ich einen ähnlichen Traum (wenn nicht, warum käme mir dann diese Erinnerung?) in Croisset. Ich bin auf meinem Bärenfell gelegen, als man zu mir kam, um mir den Tod von Alfred[2] mitzuteilen, oder vielmehr als man von seiner Beerdigung zurückkehrte.

Eine große Unruhe erfüllt mich für den heutigen Tag. Montag morgen 3. März, 8 Uhr 30, 1856.

P. S. – Dienstag. Es war der Hochzeitstag meiner Schwester.[3] Heute abend – Hamard.[4]

---

[1] Charles Rouvenat de la Rounat (1818–1884), Direktor des Odéon.
[2] Alfred Le Poittevin (1816 – 3. April 1848) war angeblich das Patenkind von Flauberts Vater.
[3] Caroline Flaubert (die Schwester Flauberts) heiratete am 3. März 1845 Emile Hamard.
[4] Emile Hamard, Schwager von Flaubert.

[Paris] Samstag, 6 Uhr [7. April 1860 (1856–1857??)]

Liebe Präsidentin,

Sie sind so gut wie der Kleine blaue Mantel[1], so charmant wie Cypris und so herzlich wie der beste Freund.

Ich betrachte mich somit als Gast Ihrer sonntäglichen Einladungen.

Aber ich werde morgen nicht kommen können, denn ich habe eine Menge Mist oder, um ein weniger derbes Wort zu gebrauchen, Zeug für die baldige Hochzeit meiner Nichte[2] zu erledigen.

Ich hoffe Ihnen einen kurzen Besuch im Laufe dieser Woche machen zu können.

Tausend Zärtlichkeiten und zwei Küsse auf Ihre beiden Arme.

[Juli–August 1859?]

Liebe Präsidentin,

niemals höre ich etwas von Ihrer schönen Person – doch träume ich sehr oft von ihr. Der Sinn *dieses* Briefes ist es also,

---

[1] Edme Champion (1764–1852), genannt Der Mann im blauen, kleinen Mantel (L'Homme-au-petit-Manteau-bleu) galt als Symbolfigur des Philantropen.

[2] Flaubert hatte zwei Nichten, Juliette Flaubert und Caroline Hamard. Erstere heiratete am 17. April 1860 Adolpe Roquigny, letztere am 6. April 1864 Ernest Commanville. Die Tatsache, daß der Brief impliziert, daß Flaubert noch kein Stammgast der sonntäglichen Diners bei Aglaé Sabatier ist, er aber wohl schon seit 1856 / 57 zu den Stammgästen gehörte, läßt sich schwer mit der bevorstehenden Hochzeit einer seiner Nichten vereinbaren. Es wäre allerdings denkbar, daß die Hochzeit verschoben worden ist.

Nachricht von Ihnen zu erhalten und Ihnen mitzuteilen, daß ich immer noch Ihr nichtswürdiger Sklave bin.

Im Winter haste ich jeden Sonntag zu Ihnen – und dann gibt es lange Monate, in denen ich nicht einmal weiß, ob Sie noch am Leben sind. Das ist absurd. Ja, wahrhaftig, ich mache mir wirklich Sorgen um Sie. Nichts weiter (verstehen Sie es, wie Sie wollen. Kein Wort mehr! Hinaus!)

Warum sollte man sich immer *hinter einer Maske verbergen* und eine Gleichgültigkeit zur Schau stellen, die man nicht hat? Wenn man Sie kennt und Sie des öfteren besucht hat, liebt man Sie zu sehr, als daß man Sie vergessen könnte. Ihre Reize sind wie Hundeleinen, an denen die Leute gehalten werden. So sind wir eine Schar von Hündchen. Die Fortsetzung des Vergleichs würde mich obszön werden lassen. Ich würde bald nach Portugal gelangen.[1]

Also, was machen Sie so? Langweilen Sie sich? Ja, nicht wahr? Aber langweilen Sie sich sehr oder so wie gewöhnlich? Und Mac-Ha-Rouilh?[2] Bleiben Sie den ganzen Sommer über in Paris? Die beiden letzten Monate war es heiß. Und ich kann mir vorstellen, daß Sie des häufigeren Ihren schönen Frauenkörper in die Wellen der Seine getaucht haben. Wie entzückt muß die Tribade unter Ihnen gewesen sein, und wie gerne wäre ich an ihrer Stelle gewesen! Verzeihung, ich fürchte etwas derb geworden zu sein. Das ist ein Aufschrei des Herzens!

Was mich anlangt, schöne Präsidentin, sollte Ihnen daran gelegen sein, zu erfahren, was ich so treibe, so kann ich Ihnen mitteilen, daß ich nach meiner alten Gewohnheit wie eine Auster gelebt habe. Ich habe ziemlich viel gearbeitet. Wozu das alles gut ist? Ich habe keine Ahnung. Wie schwierig ist

---

[1] Arriver au Portugal – Nach André Billy handelt es sich hierbei um eine Anspielung auf den Ballettmeister Saint-Léon, der im Theater von Lissabon einen Aufruhr provoziert hat, weil er eine hübsche, blonde Tänzerin dort verborgen hielt.
[2] Mac-Ha-Rouilh = Alfred Mosselman.

es doch zu schreiben! Es ist kräftezehrend und vergnüglich zugleich, denn, wie hat doch unser unsterblicher Casimir Delavigne[1] (dieser alte Flegel) so schön gedichtet:

Die Arbeit nach der Liebe ist das süßeste aller Übel.

Ach! Die Liebe! eine weitere Unmöglichkeit! Wie traurig das alles ist!

Gegen Ende November hoffe ich Sie endlich wiederzusehen und Sie von neuem mit meiner Gesellschaft zu langweilen. Bis dahin küsse ich Ihnen sehr lang die Hände. Grüße an die Freunde und Ihnen tausend Zärtlichkeiten.

Croisset, bei Rouen [Sonntag]

[Croisset] Sonntag 4. [Dezember 1859]

Ich habe Ihnen nichts zu sagen, schöne Präsidentin, und dennoch schreibe ich Ihnen – ja – nur damit Sie mir antworten. Das ist der tiefere Grund meines ganzen Tuns.

Ich würde gern wissen, was Sie treiben, ob Sie sich nicht zu sehr langweilen usw. Wie geht es Ihren Hündchen? Was macht das Gekleckse? Ich würde nur zu gern ein bißchen Gekritzel von Ihnen sehen.

Frieren Sie genauso wie ich? Hier herrscht eine eisige Kälte, und die Tropfen an den Nasen der Leute gefrieren zu Eiszapfen... Und ihr gonorrhoischer Samen wächst am Ende ihrer Schwänze zu Gerstenzuckerstangen (von solch schrecklicher Heftigkeit ist die Kälte). Ich rede nicht von mir, denn ich lebe seit nun schon acht Monaten in absoluter Keuschheit. Wenn es nicht meine Gewohnheit wäre, mich

---

[1] Casimir Delavigne (1793–1843), normannischer Dichter und Dramatiker.

täglich zu waschen, hätte meine Jungfräulichkeit Zeit gehabt, sich wiederherzustellen: das Jungfernhäutchen wäre wieder gewachsen (siehe *La Femme* von Michelet, I. Band, Preis 3 Francs). Was für ein alter Idiot ist doch dieser Michelet! Ich habe übrigens den Eindruck, daß er im Grunde eifersüchtig auf den Herrn Balzac ist, der tiefer als er in die physischen und moralischen Schönheiten des Geschlechts eingedrungen ist, das ich vergöttere.

Vor nicht allzu langer Zeit war ich sehr versucht, mit einer französischen Expedition nach China zu reisen. Es hätte auch keine Probleme gegeben, daran teilzunehmen. Reisen (obwohl es ein eher trauriges Vergnügen ist) ist immer noch das Erträglichste des Lebens, da hier unten doch alles unmöglich ist, die Kunst, die Liebe, das Geld, all unsere Träume, alles, was wir begehren.

Ich habe diesen Sommer wie zehn Neger gearbeitet. – Und ich fange an zu verstehen, was ich mache. Aber erst wenn das ganze Jahr 1860 vorüber ist, werde ich zum Ende gekommen sein[1], und dann wird sich vielleicht herausstellen, daß es ein *Fiasko* ist! So ist es!

Nächste Woche werde ich achtunddreißig Jahre auf dem Buckel haben – oder vielmehr werden mich achtunddreißig Jahre in Besitz genommen haben – was mich in der Stille meines Arbeitszimmers zu philosophischen Überlegungen veranlaßt! Und dennoch, wie sagt doch unser *unsterblicher* Fabeldichter, der *gute* Lafontaine:

Ach! Wenn mein Herz es doch wagen würde, nochmals Feuer zu fangen. Wäre es denn unmöglich, Reize zu finden, die mich fesseln? Sollte die Zeit der Liebe für mich schon vorbei sein?

Man findet immer Reize, die einen fesseln. An Rosen mangelt es nie! Aber wenn man nur noch die Dornen spürt!

---

[1] Flaubert arbeitet am Roman *Salammbô*, den er allerdings erst im April 1862 fertigstellt.

Na ja, stehe ich nun in voller Blüte?

Sie haben also die Schändlichkeiten dieses elenden Léonce[1] gelesen? Sie müssen doch zugeben, daß das ein echter Kerl ist! Aber das Ganze ist nur dann wirklich schön, wenn man die beiden vorangehenden Werke[2] kennt, die den Effekt vorbereiten.

Hier im ländlichen Frieden sind mir zwei oder drei schöne *Männergeschichten* zu Ohren gekommen; die eine hat sich sogar bei mir zugetragen. – Und ich gedenke Sie damit zu erfreuen, in beschönigter Form natürlich.

In drei Wochen, an Weihnachten, hoffe ich mich Ihnen zu Füßen werfen zu können. Bis dahin mache ich eine obszöne Liebkosung in jedes Schnürloch Ihrer Stiefelchen und bitte Sie an meine tiefe und allumfassende Liebe zu glauben.

Der Ihre.

---

[1] Léonce ist eine Figur aus dem Roman *Lui* von Louise Colet und soll Flaubert darstellen. Vergleiche Flauberts Brief (in der Übersetzung von Helmut Scheffel, Zürich 1977) vom 12. November 1859 an Ernest Feydeau: »[…] Willst Du Dich zerstreuen? Mach mir (oder vielmehr mach Dir) das Vergnügen und kaufe *Lui*, ein zeitgenössischer Roman von Frau Louise Colet. Du wirst darin Deinen Freund wiedererkennen, und zwar auf eine schöne Weise zurechtgemacht. Um aber die Geschichte ganz zu begreifen und insbesondere die Autorin, verschaffe Dir zunächst: 1. *La Servante,* Gedicht (in dem der Knabe Musset ebenso heruntergerissen wird, wie er in *Lui* hochgelobt wird) und 2. *Une Histoire de Soldat,* ein Roman, dessen Hauptgestalt ich bin. Du kannst Dir nicht vorstellen, was das für eine Niederträchtigkeit ist: Aber was für ein armseliger Wicht ist der Herr Musset! Dieses Buch (*Lui*), das geschrieben wurde, um ihn zu rehabilitieren, bringt ihn noch mehr aus der Mode als *Elle et Lui*!

Was mich betrifft, so gehe ich daraus weiß wie der Schnee hervor, aber als ein gefühlloser, geiziger Mensch und im ganzen als ein finsterer Dummkopf. Da hast Du, was es einbringt, mit den Musen den Beischlaf ausgeübt zu haben! Ich habe gelacht, daß mir die Rippen weh taten. […] «

[2] Es dürfte sich hierbei wohl um *La Servant* und *Une histoire de soldat* von Luise Colet, vielleicht aber auch um ihre verschollene Komödie *Les Lettres d'amour* handeln.

Würden Sie, schöne Präsidentin, Mademoiselle Doudou[1] mein tiefes Beileid zum Tod ihres armen, kleinen Kindes aussprechen, von welchem ich vorgestern abend Kenntnis erhielt. Ich schreibe ihr nicht, aus tausenderlei Gründen. – Aber der wichtigste von allen ist, daß Sie sich als Frau viel besser darauf verstehen als ich. – Sagen Sie ihr etwas von jenen Dingen, die weinen machen und Erleichterung verschaffen.

Nun steht sie wieder genauso da wie vorher. – Nichts von dieser Beziehung ist geblieben als die Erinnerung.

So enden alle menschlichen Dinge. Was für eine traurige Maskerade ist doch das Leben!

Und was Sie betrifft, Sie kennen die *Gefühle,* die ich für Sie hege. Zu schweigen ist doch beredter als alle Worte. Wenn Sie nichts besseres zu tun haben, schreiben Sie mir und teilen Sie mir mit, ob Sie sich sehr langweilen und ob die Porträtmalerei gute Fortschritte macht.

Tausend Zärtlichkeiten von Ihrem ...

[Paris, Winter 1859–1860?]

Liebe Präsidentin,

Ja! natürlich!

Ich war dabei! Ich werde wieder dabei sein.

Bei jedem Wetter und auf ewig der Ihre.

Mittwoch abend.

---

[1] Doudou, häufiger Bébé genannt, ist Adélina-Irma Sabatier, die Schwester von Apollonie. Aus Ihrer Verbindung mit dem Maler Fernand Boissard hatte sie eine Tochter, die im Oktober 1859 starb.

[Paris] Samstag Mittag [Winter 1859–1860?]

Liebe Präsidentin,

ich werde morgen nicht zu Ihnen zum Diner kommen können, da ich zwischen 7 und 10 Uhr abends einige Dinge zu erledigen habe. Aber ich werde am *späten Abend* wie ein Phantom erscheinen.

In Ihrem liebenswürdigen Billet gibt es ein Wort, das ich überhaupt nicht verstehe. Was hat es mit dieser *Mlle Sauvage* auf sich, die morgen bei Ihnen zu Gast ist und die eine Freundin von mir sein soll? Problem! Grübeln! wie Père Hugo sagen würde ... Da komme ich nicht mehr mit ...

Bis morgen also und bis dahin tausend Zärtlichkeiten. Ich küsse Ihre Hände, Ihre Füße und *alles,* was Sie wollen.

Der Ihre von ganzem Herzen.

[Paris, Winter 1859–1860?]

Rechnen Sie heute nicht mit mir, schöne Präsidentin. Ich muß unbedingt zu Théo[1] zum Diner gehen. Denn ich habe ihm gegenüber ein schlechtes Gewissen. Ich werde daher also versuchen, morgen in aller Herrgottsfrühe aufzustehen und mich eilendst in sein abgelegenes Domizil zu begeben.

Tausend Zärtlichkeiten.
Bis bald. Ich küsse Ihre Hände.

Mittwoch morgen.

---

[1] Théophile Gautier wohnte von 1857 bis zu seinem Tod in Neuilly.

[Paris] Mittwoch abend [25? März 1860]

Begehrenswerte Präsidentin,

»Ich lege meine Hand an die Feder, um Ihnen zu schreiben«
(und, *unter uns,* es ist nicht die Feder, an die ich meine Hand
gern legen würde); ich schreibe Ihnen, wie Sie sicher wissen,
diese kurzen Zeilen, um zu erfahren:

Wie geht es Ihrem werten Befinden? – das auch das unsere
bestimmt?

Haben Sie noch immer Fieber? Und die Erkältung, ist sie
endlich ausgestanden?

Sind Sie wieder ganz gesund?

Das war es schon.

Ich wäre selbst in die Rue Frochot geeilt, um mich nach
Ihrem Befinden zu erkundigen, wenn ich nicht vollkommen
leergepumpt wäre. Diese Leere kommt keineswegs von der
Masturbation, wie Sie vielleicht vermuten, sondern vom all-
morgendlichen frühen Aufstehen, das ich mir auferlege, seit-
dem ich mich in wissenschaftliche Forschungen versenkt
habe – so daß ich gewöhnlich zwischen 3 und 6 Uhr schlafe,
der einzigen Zeit, in der es sich schickt, Leute zu besuchen.

Lassen Sie mich wissen, wie *es Ihnen geht,* und glauben Sie
an die aufrichtige Zuneigung dessen, der Ihnen (leider!) nur
die Hände küßt.[1]

---

[1] qui ne vous baise, hélas! que les mains – Wortspiel im Französischen
mit dem Wort baiser, das ohne Objekt vögeln, mit Objekt küssen
heißt.

Schöne Präsidentin,

ich weiß gar nicht, was Bouilhet eigentlich macht? Doch wird sein Stück[1] übermorgen, am 17., wieder aufgeführt.

Was mich betrifft, ich habe mich wie ein Idiot einfangen lassen und werde morgen leider nicht an Ihrem Tisch Platz nehmen können. Aber ich werde *am späten Abend* kommen. Es wäre einfach zu grausam, einen Sonntag ohne Ihre reizende Person zu verbringen!!!

Ich nehme gern die »zärtlichen Dinge« entgegen, die Sie mir schicken, und ich werde meine Phantasie mit »Gerten« *anheizen,* indem ich Ihnen sehr lange die Hände küsse.

Der Ihre.

[Croisset, Ende Dezember 1860]

Schöne Präsidentin,

haben Sie den Gelee[2] erhalten? Ich spreche nicht von dem, der einen bei Kälte beißt, sondern von dem anderen, im Topf, der in einer Schachtel vor acht Tagen an Ihre Adresse geschickt wurde. Ist er etwa verlorengegangen?

Ach, Präsidentin! wie viele gute Wünsche habe ich für Sie für 1861! Aber Sie kennen nur zu gut meinen *glühendsten.* Lassen Sie mich wissen, wie es Ihnen so geht. Es bekümmert mich, nichts von Ihnen zu hören. Erzählen Sie mir alles, was Sie wollen, wichtig ist nur, daß ich ein wenig von Ihrer Handschrift sehe.

---

[1] Es handelt sich um die Komödie *L'Oncle Million* von Louis Bouilhet.
[2] Nicht übertragbares Wortspiel im Französischen – gelée bedeutet sowohl Frost als auch Gelee.

Was für eine Kälte, schöne Präsidentin!

Ich lasse mir meine Beine schauderhaft rösten. Ich arbeite ziemlich viel und rauche entsprechend und döse noch mehr vor mich hin. Ich stehe mittags auf und gehe um 3 Uhr morgens ins Bett. Das ist alles. (So steht es um mich!)

Und jeden Morgen sieht meine Bettdecke in Erinnerung an sie aus wie ein arabisches Zelt.

Leben Sie wohl, Sie wissen, daß ich Sie leidenschaftlich anbete. Tausend Zärtlichkeiten und tausend Küsse, wohin Sie wollen.

[Croisset, 31. Januar 1861]

Endlich! habe ich gestern also wieder etwas von Ihnen gehört! Ich habe ein Brüllen ertönen lassen und einen Freudensprung gemacht, als ich Ihre liebe, kleine Handschrift erkannte.

Oh Präsidentin! *Ich wußte nicht mehr, was ich denken sollte.* Ich wähnte Sie krank oder in ferne Länder verschleppt; kurz, ich war schon drauf und dran, ganz verrückt zu werden. Aber Gottseidank ist alles in Ordnung.

Wenn Sie wüßten, wie sehr ich Sie liebe, dann hätten Sie mich nicht so lange zappeln lassen. Ja, Präsidentin, ich denke jeden Tag an Sie und das mehrmals. Ich mache mir Illusionen ... ich winde mich! und ich zerquäle ich! Ach, wenn Sie meine Monologe hören könnten!

Ich habe soeben in meinem Kalender gesehen, daß nächsten Samstag, am 9., Ihr Namenstag, das Fest der heiligen Apollonie ist. Meinen Glückwunsch hierzu. Auf der gleichen Linie (im Kalender) steht *Neumond*. Oh! wie gern würde ich den Ihren sehen. Ich würde ihn mit Küssen bedecken, ihn verschlingen, ich würde mich daran abarbeiten. Was würde ich nicht alles damit tun!

Gestern mußte sich der Bursche Feydeau gesetzlich binden. Wie schön muß er ausgesehen haben! 1. als er aus der Kirche kam und 2. als er ins Bett stieg.

Wenn Sie Maxime [du Camp] sehen, sagen Sie ihm, daß er mich wissen lassen soll, wie es ihm gesundheitlich geht.

Ich muß noch sechs Wochen in meiner Ecke bleiben, dann werde ich zu Ihnen eilen und mich Ihnen zu Füßen werfen.

Sie wissen nur zu gut, daß ich mir die Lippen nach dem Kuß lecke, den Sie mir schicken ..., und ich schicke Ihnen einen zurück, einen längeren, tieferen, getränkt mit allen möglichen Gefühlen, zärtlichen, schweinischen usw. usw.

Der Ihre
GUST.

[Paris, 10. April 1861]

Schöne Präsidentin,

morgen ist laut Aushang die Premiere von *La Statue*.[1] Das Fest wird also am Freitag stattfinden.

Ich hoffe, Sie morgen im Theater zu sehen.

Gestern abend habe ich vergebens nach Ihnen Ausschau gehalten.

Tausend Zärtlichkeiten.

Es war mir gestern unmöglich, Reyer[2] zu erwischen. Können Sie mir seine Adresse schicken?

---

[1] Komische Oper in drei Akten von M. Carré und J. Barbier. Musik von Ernest Reyer. Uraufführung am 11. April 1861 im Théâtre Lyrique.
[2] Der Komponist Ernest Reyer war ein guter Freund von Flaubert, Bouilhet und der Präsidentin.

Sie wissen, warum ich Sie nicht besucht habe, liebe, schöne Präsidentin. – Aber ich bin Ihnen deswegen nicht weniger ergeben und bitte Sie, Madame, meinen aufrichtigen Dank entgegenzunehmen. Meine Zurückhaltung hindert mich, ihn Ihnen ausführlicher zu bezeugen.

Wenn Sie nichts besseres zu tun haben, schreiben Sie mir. Wenn Ihnen nach Weinen zumute ist, und Sie es nicht wagen, schicken Sie mir Ihre Tränen. Nichts, was Ihnen zustößt, läßt mich gleichgültig. Es hat mich zutiefst betroffen gemacht, Sie neulich in einer solch mißlichen Lage zu sehen.[1] Aber was kann ich Unglücklicher daran ändern? Sie, die bei Gott dazu geschaffen waren, das Hôtel Rambouillet wiederaufleben zu lassen, eine Frau wie Sie, die für all die schönen Dinge geboren war und sich darauf so gut verstand!

Die Männer sind einfach Schweine, und zu leben ist ein schmutziges Handwerk.

Wie wahr ist doch das Wort von La Bruyère: »Es ist traurig zu lieben, wenn man über kein großes Vermögen verfügt.«[2] Das sagt mehr und erfaßt das Gefühl tiefer als viele Balladen an den Mond.

Aber verzweifeln Sie nicht. – Verzweifeln Sie nie. Männer und Strömungen sind wechselhaft. – Man muß sich immer wieder diese trefflichen Worte in Erinnerung rufen: »Wer weiß?« Das hilft beim Einschlafen, und der Wind dreht sich in der Nacht.

---

[1] Madame Sabatier war im Frühjahr 1861 von A. Mosselman verlassen worden und hatte sich gezwungen gesehen, ihre Kunstgegenstände zu verkaufen. Die Versteigerung fand am 13. Dezember 1861 statt.

[2] »Es ist traurig zu lieben, wenn man über kein großes Vermögen verfügt, das es einem ermöglicht, denjenigen, den man liebt zu überschütten und so glücklich zu machen, daß ihm nichts mehr zu wünschen bleibt.«

Leben Sie also wohl, liebe Freundin! Bis zum nächsten August. Lassen Sie bis dahin ab und zu von sich hören.
Ich küsse Ihre Arme bis zu Ihren Ohren.
Tausend Zärtlichkeiten.

[Paris, Januar / Februar 1863?]

Schöne Präsidentin,

benötigen Sie noch die beiden Bände Shakespeare? Wenn Sie Ihnen nicht mehr dienlich sind, seien Sie doch bitte so gut und schicken Sie sie an meinen Mamelucken zurück!
Sie wissen, daß morgen in Neuilly[1] die Lesung des *Tragaldabas*[2] stattfindet?
Ich küsse Ihre Hände voll Wollust.
Gustave Flaubert
der gern endlich Portugal erreichen würde.[3]

[Paris] Dienstag abend [23. Februar 1864]

Liebe Präsidentin,   .

anbei ein Logenplatz, 1. weil wir Sie lieben, und 2. da Sie sehr freundlich und sehr liebenswürdig sind.
Sie sind mir nicht böse (wie so viele andere), daß Sie nicht in der kaiserlichen Loge der Premiere der *Faustine* beiwohnen konnten! Was für ein Blödsinn sind doch diese Karten!

---

[1] In Neuilly, das heißt bei Théophile Gautier.
[2] *Tragaldabas* von Auguste Vacquerie wird in der *Bibliographie de la France* erst 1874 erwähnt.
[3] Vergleiche Anmerkung 1 auf Seite 212.

Ich verehre Sie immer glühender. – Ach, wäre ich doch eines der Tiere im *Jardin d'Acclimatation,* wie oft könnte ich Sie dann sehen!

Tausend Zärtlichkeiten und einen langen Kuß auf Ihre schönen Arme.

Ihr treuer Anbeter

Da der Logenplatz erst für den 5. [März] ist, haben Sie noch Zeit, es sich zu überlegen.

[Croisset, 3. Juni 1863 / 1868?]

Besser spät als gar nicht, meine liebe Präsidentin, ich bins!

Sie denken sicher, daß ich nicht mehr an Sie und auch nicht mehr an Ihr Gemälde gedacht habe. Aber keineswegs! keineswegs.

Doch habe ich es von einem Tag auf den anderen verschoben, Ihnen einen Besuch abzustatten oder Ihnen zu schreiben, zumal ich mich während meines viermonatigen Aufenthalts in Paris mit einer Fülle kleiner Unannehmlichkeiten herumschlagen mußte. Aber ich möchte Sie damit nicht langweilen.

Kurz, Chennevières[1] hat mir folgendes geraten. Meissonier selbst sollte Monsieur Petit bitten, besagtes Gemälde in eine Verkaufsausstellung zu geben, in der noch weitere Bilder von ihm angeboten werden.

Das ist nach Chennevières Meinung die beste Möglichkeit, einen guten Preis zu erzielen. – Er kennt Sie übrigens sehr gut, und Sie können sich durchaus selbst an ihn wenden.

Als letztes Mittel bliebe nur noch, sich an die Prinzessin[2] zu wenden. Das ist alles, meine schöne Freundin, was ich

---

[1] Konservator am Musée du Luxembourg.
[2] Prinzessin Mathilde (1820–1904)

Ihnen mitteilen wollte. Denn Sie wissen schon seit langem, daß ich Sie liebe, und das auf jede erdenkliche Art.

Ich küsse Ihre beiden Hände bis zu den Schultern und Ihre beiden Füße bis wohin Sie es erlauben, und verbleibe vollständig der Ihre.

Croisset, bei Rouen, Mittwoch, 3.Juni

[Januar 1872]

Meine liebe Präsidentin,

aufgrund eines unverständlichen Irrtums haben Sie gestern die Karten für die Premiere von *Aissé*, die ich für Sie bestimmt hatte, nicht erhalten.

Haben Sie Interesse an diesen?

Wenn nicht, schicken Sie sie mir bitte gleich zurück.

Der Ihre.

Rue Murillo 4, Sonntag 4 Uhr

OBSCENIA

LETTRE A LA PRÉSIDENTE

POÉSIES ÉROTIQUES

Édition illustrée de huit eaux-fortes
originales de Van Troizem et d'une singulière
planche de musique
et précédée d'un avertissement

PAR UN BIBLIOPHILE

———

BRUXELLES

CHEZ LES SUCCESSEURS DE POULET-MALASSIS

—

1907

Bibliographie

A. Augustin-Thiery: *La Fin de la* › *Présidente* ‹. In: *Le Temps*, Paris, 23. August 1932.

Charles Baudelaire: *Les Fleurs du Mal.* Paris, Poulet-Malassis et de Broise, 1857.

Charles Baudelaire: *Sept Lettrès inédites á la Présidente.* Paris, Maurice Tourneux / Le Livre moderne, 1891.

Charles Baudelaire: *Briefe 1841–1866.* Aus dem Französischen von Auguste Förster. Minden, J. C. C. Bruns, 1909. [= Band 6 der von Max Bruns besorgten Werke-Ausgabe]

Charles Baudelaire: *Les Fleurs du Mal.* Texte de la seconde édition suivi des pièces supprimées en 1857 et des additions de 1868. Édition critique établie par Jacques Crépet et Georges Blin. Paris, Corti, 1942.

Charles Baudelaire: *Correspondance.* Texte établi, présenté et annoté par Claude Pichois, avec la collaboration de Jean Ziegler. Tome 1 et 2. Paris, Gallimard / Bibliothèque de la Pléiade, 1973.

Charles Baudelaire: *Œuvres complètes.* Texte établi, présenté et annoté par Claude Pichois. Tome 1 et 2. Paris, Gallimard / Bibliothèque de la Pléiade, 1975 / 76.

Charles Baudelaire: *Sämtliche Werke / Briefe.* 8 Bände Hrsg. von Friedhelm Kemp und Claude Pichois in Zusammenarbeit mit Wolfgang Drost. München, Heimeran / Hanser, 1975 ff.

Roger de Beauvoir (= Eugène-Auguste-Roger de Bully) In: *Revue de Paris*, Paris, März 1852.

André Billy: *La Présidente et ses amis.* Paris, Flammarion, 1945. 260 S. / Abbildungen

Maxime du Camp: *Souvenirs littéraires.* 2 Bände. Paris, Hachette, 1882. Dort: Bd. 2, S. 182.

Maxime du Camp: *Préface.* In: Théophile Gautier: *Émaux et Camées.* Paris, L. Conquet, 1887.

Eugène Crépet: *Charles Baudelaire. Étude biographique (1887).* Revue et mise à jour par Jacques Crépet suivie des Baudelairiana d'asselineau … Paris, Léon Vanier, 1906. Dort: S. 114–127.

René Descharmes / René Dumesnil: *Autour de Flaubert.* 2 Bde. Paris, Mercure de France, 1912.

Pierre Dufay: *Autour de Baudelaire. Poulet-Malassis – L'Éditeur et l'Ami. Madame Sabatier – La Muse et la Madone.* Paris, Au Cabinet du livre, 1931. Dort: S. 167–260.

René Dumesnil: *Gustave Flaubert - L'Homme et l'œuvre*. Paris, 1932. Dort: S. 193–196.

Ernest Feydeau: *Sylvie*. Paris, E. Dentu, 1861. 244 S. [Siehe dazu die Rezension von Émile Montégut in: *Revue des Deux Mondes*. Paris, 15. Juli 1861, Jg. 31, Bd. 34, S. 506–508]

Ernest Feydeau: *Sylvia*. Episode aus dem Pariser Leben. Berlin, Hasselberg'sche Verlagshandlung 1861. 123 S. [Diese Übersetzung ist unvollständig!]

Ernest Feydeau: *Théophile Gautier - Souvenirs intimes*. Paris, E. Plon, 1874. Dort: S. 153 ff.

Gustave Flaubert: *L'Éducation sentimentale. Histoire d'un jeune homme*. Paris, Michel Lévy frères, 1870.

Gustave Flaubert: *Œuvres*. Texte établi et annoté par A. Thibaudet et R. Dumesnil. Paris, Gallimard / Bibliothèque de la Pléiade, 1951.

Gustave Flaubert: *Lehrjahre des Gefühls. Geschichte eines jungen Mannes*. Übertragen von Paul Wiegler. Mit einem Essay von Erich Köhler. Frankfurt, Insel Taschenbuch, 1977.

Gustave Flaubert: *Correspondance II* (Juillet 1851 – décembre 1858) – *Correspondance III* (Janvier 1859 – décembre 1868). Édition établie, présentée et annotée par Jean Bruneau. Paris, Gallimard / Bibliothèque de la Pléiade, 1980 und 1991. [Siehe dort die Angaben zu früheren Editionen der Briefe Flauberts!]

Judith Gautier: *Le Collier des Jours. Le second rang du Collier*. Souvenirs littéraires. Paris, Felix Juven, 1909.

Théophile Gautier: *Le Club des Hachichins*. In: *Revue des Deux Mondes*. Brüssel, 1. Februar 1846, Bd. 1, S. 248–259.

Théophile Gautier: *Mort de Baudelaire - Charles Baudelaire*. In: Théophile Gautier: *Souvenirs romantiques*. Paris, Garnier Frères, 1929. Dort: S. 262–341 und S. 352 ff. [Erstdrucke in *Le Moniteur,* 9. September 1867, und *L'Univers illustrée, 7. März - 18. April 1868]*

Théophile Gautier: Émaux et Camées. Préface par Maxime du Camp. Paris, L. Conquet, 1887.

Théophile G. . . . [Théophile Gautier]: *Lettre à la Présidente* (Voyage en Italie) 1850. [Paris 1890] Achevé d'imprimer à très petit nombre pour quelques curieux seulement. Au Château de la Misère l'An 10008008010. 39 S. [Reprint dieses Buches bei Savelli, Roma 1981]

[Théophile Gautier] *Lettre à la Présidente - Voyage en Italie*. 1850. S. l. De l'imprimerie du Musée secret du Roi de Naples 1890. VII, 48 S.

Théophile Gautier: *Brief an die Präsidentin*. (Reise in Italien.) Zum ersten Mal ins Deutsche übertragen von Dr. Willy Heine. Privatdruck. Ohne Ort. 1906. VII, 49 S. Auflage: 1 000 Exemplare. Gekürzte, unvollständige Ausgabe!

Wieder abgedruckt in: *Anthologie der erotischen Literatur aller Zeiten und Völker.* Mit Einleitung von Dr. Franz Blei und Literaturnachweis von Dr. Paul Englisch. 2 Bde. Wien (um 1932). Dass. Neu arrangiert und mit einem Nachwort von Karl Riha. 2 Bde. Frankfurt am Main, Insel Taschenbuch, 1990. Dort: Bd. 2, S. 479–495 und S. 830–831.

[Théophile Gautier] *Obscenia. Lettre à la Présidente. Poésies érotiques.* Édition illustrée de huit eaux-fortes originales de Van Troizem [d. i. Martin van Maële] et d'une singuliere planche de musique et précedée d'un avertissement par un bibliophile. Bruxelles, Chez les sucesseurs de Poulet-Malassis, 1907.

Théophile Gautier: *Lettres à la Présidente, et Galanteries poétiques.* Édition contenant soixante-cinq lettres inédites et le texte exact de la lettre d'Italie, publiée avec une introduction et des notes par Helpey bibliographe poitevin [= Louis Perceau]. Accompagnée d'une étude sur la Présidente par Sylvestre Bonnard [= Pierre Dufay]. Neuilly, Éditions du Musée secret, 1927. 199 S.

Théophile Gautier: *Lettre à la Présidente - Voyage en Italie. 1850.* A la Belle Meunire [um 1940]. 36 unpaginierte Seiten / 2 Abbildungen in Farbe. Auflage: 600 Exemplare.

Théophile Gautier: *Œuvres érotiques. Poésies libertines. Lettres à la Présidente.* Paris, Arcanes, 1953. 500 Exemplare.

Théophile Gautier: *Lettres à la Présidente et Poésies libertines.* Préface et notes de Pascal Pia. Paris, Cercle du livre précieux, 1960. Paris, La Bibliothèque privée (L'Or du Temps) 1968. 198 S. / 63 Abbildungen.

Théophile Gautier: *Correspondance générale.* Éditee par Claudine Lacoste-Veysseyre sous la direction de Pierre Laubriet. 8 Bände. Genève, Librairie Droz, 1985 ff. [Darin enthalgen sind einige kürzere Briefe der Präsidentin, die ihr Interesse an Theaterkarten belegen.]

Edmond et Jules de Goncourt: *Journal - Mémoires de la Vie littéraire.* Paris, Ernest Flammarion / Fasquelle, 1959 ff.

Edmond und Jules de Goncourt: *Tagebücher.* Aufzeichnungen aus den Jahren 1851–1870. Ausgewählt, übertragen und herausgegeben von Justus Franz Wittkop. Frankfurt, Insel Taschenbuch, 1983.

Octave Gréard: *Meissonier, ses souvenirs, ses entretiens.* Paris, Hachette, 1897.

Paul Jarry: *Cénacles et vieux logis parisiens.* Paris, Jules Tallandier, 1929. Dort: Bd. 1, S. 1–29.

Aleksander Wit Labuda: *Contextes d'énonciation et de lecture dans la communication poétique (Baudelaire et Mme Sabatier).* In: *Acta Universitatis Wratislaviensis / Romanica Wratislaviensia.* Wroclaw, 1982, XVIII, Nr. 614, S. 137–154.

Bernard-Henri Lévy: *Les derniers jours de Charles Baudelaire*. Paris, Éditions Grasset & Fasquelle, 1988. Deutsche Ausgabe: München, List, 1990. Dort: S. 99 ff.

Louis Mermaz: *Madame Sabatier. Apollonie au pays des libertins*. Lausanne, Éditions Rencontre, 1967. 227 S./ 32 Abbildungen. [Siehe dazu die Rezension von J. Dubu in: *Studi francesi*. Turin, 1969, Jg. 13, S. 378]

Armand Moss: *Baudelaire et Madame Sabatier*. Paris, A.-G. Nizet, 1975. 219 S./ 17 Abbildungen. [Siehe dazu die Rezensionen von A. Fongaro in: *Studi francesi*, Turin, 1976, Jg. 20, S. 377, und von Alison Fairlie in: *French Studies*, Oxford, 1977, Bd 31, S. 346–347]

Armand Moss: *Baudelaire et Madame Sabatier*. Avec un portrait de Baudelaire par André Masson. Nouvelle édition refondue et augmentée. Paris, A.-G. Nizet, 1978. 236 S./ 19 Abbildungen.

Jean Pellegrin: *D'une présidente l'autre*. In: *Bulletin Baudelairien*, Nashville/ Tennessee, April 1984, Bd. 19, S. 18–19.

Pascal Pia: *Charles Baudelaire*. Reinbek, Rowohlts monographien, 1989. Dort: S. 47–55.

Claude Pichois/ François Ruchon (Hg.): *Iconographie de Charles Baudelaire*. Recueillie et commentée par ... Genève, Pierre Cailler, 1960. Dort: S. 132–145 sowie die Tafeln 130–138.

Claude Pichois (Hg.): *Album Baudelaire*. Iconographie réunie et commentée par ... Paris, Gallimard, 1974. Dort: S. 94–100 und S. 155.

Claude Pichois/ Vincenette Pichois (Hg.): *Lettres à Charles Baudelaire*. Neuchâtel, La Baconnière, 1973. Dort: S. 321–325.

François Porché: *Baudelaire et la Présidente*. Genève, Éditions du Milieu du Monde, 1941. 250 S. Dass. 1943. 250 S. Dass. Zweite, veränderte Auflage. Paris, Gallimard, 1959. 239 S. [Siehe dazu die Rezension von Paraf in: *La Revue nationale*, 1959, Bd. 31, S. 281–282; von A. Fongaro in: *Studi francesi*, Turin, 1960, Jg. 4, S. 177 und von Henri Peyre in: *Books abroad*, Norman/ Oklahoma, 1960, Bd. 34, S. 249]

François Porché: *Baudelaire, histoire d'une âme*. Paris, Flammarion, 1944. Dort: S. 268–278.

Edmond Richard [1847–1934; Freund der › Präsidentin ‹ und Vertrauter ihrer letzten Jahre]: *Biographie manuscrite et notes*. Unveröffentlichtes von Andre Billy ausgewertetes Konvolut (mehr als 200 Blätter und Zettel). Aufbewahrungsort: Bibliothèque municipale de Fontainebleau, fonds André Billy, dossier *La Présidente et ses amis*.

Joanna Richardson: *La Présidente*. In: Joanna Richardson: *The Courtesans*. London, Weidenfeld and Nicolson, 1967. [Deutsche Ausgabe: *Die Kurtisanen*. Die französische Demimonde im 19. Jahrhundert. Frankfurt/ Main, S. Fischer,1968. 170 S. Dort: S. 111–127]

J. Royère: *Poèmes d'amour de Baudelaire.* Paris, Albin Michel, 1927. Dort: S. 63 und S. 128

Thierry-Richard Savatier: *A propos du portrait de Madame Sabatier par Charles Jalabert.* In: *Bulletin baudelairien,* Nashville / Tennessee, 1981, Band 16, S. 6–9.

Léon Seché: *La Présidente.* In: *Mercure de France,* Paris, 16. November 1910, Bd. 87, Nr. 322, S. 218–233.

Léon Seché: *La Jeunesse dorée sous Louis-Philippe. Alfred de Musset. De Musard à la reine Pomaré. La Présidente.* Paris, Mercure de France, 1910. Dort: S. 273–294.

Philippe Soupault: *Baudelaire.* Paris, Les Éditions Rieder, 1931. Dort: Tafel 29 und 30.

Charles Spoelberch de Lovenjoul: *Histoire des Œuvres de Théophile Gautier.* 2 Bände. Paris 1887. Reprint: Genève, Slatkine, 1968.

Enid Starkie: *The White Venus 1852–1854.* In: Enid Starkie: *Baudelaire.* London, Faber & Faber, 1957. Dort: S. 253–265 sowie diverse Erwähnungen.

Jean Tild: *Théophile Gautier et ses amis.* Paris, Albin Michel, 1951. Dort: S. 172 ff.

P. M. Wetherhill: *Edgar Allan Poe and Madame Sabatier.* In: *Modern Language Quarterly,* Washington, 1959, Bd. 20, S. 344–354. [Siehe dazu die Rezension von A. Fongaro in: *Studi francesi,* Turin, 1960, Jg. 4, S. 576–577]

Jean Ziegler: *Baudelairiana. I. Alfred Mosselman et Madame Sabatier.* In: *Bulletin du Bibliophile,* Paris, 1975, S. 266–273.

Jean Ziegler: *Baudelairiana. Madame Sabatier (1822–1890).* Quelques notes biographiques. In: *Bulletin du Bibliophile,* Paris, 1977, S. 365–382.

Jean Ziegler: *Gautier-Baudelaire – Un carré de Dames.* Paris, Nizet, 1977. [Dort auch über Bébé (= Adélina-Irma Savatier (1832–1905), die jüngere Schwester der › Präsidentin ‹]